ATENDIMENTO AO CLIENTE

A melhor forma de
fugir de um problema
é resolvê-lo.

ATENDIMENTO AO CLIENTE

PROFISSIONAIS QUE REVOLUCIONARAM O CAMPO DA EXPERIÊNCIA DO CLIENTE

HEVERTON ANUNCIAÇÃO

Consultor de CRM e criador da Universidade do Cliente

ALTA BOOKS
EDITORA
Rio de Janeiro, 2021

Atendimento ao Cliente

ISBN: 978-65-5520-126-0

Impresso no Brasil — 1ª Edição, 2021 — Edição revisada conforme o Acordo Ortográfico da Língua Portuguesa de 2009.

Dados Internacionais de Catalogação na Publicação (CIP) de acordo com ISBD

A636a Anunciação, Heverton

Atendimento ao Cliente: Profissionais que Revolucionaram o Campo da Experiência do Cliente / Heverton Anunciação. - Rio de Janeiro : Alta Books, 2021.
256 p. ; 16cm x 23cm.

Inclui bibliografia e índice.
ISBN: 978-65-5520-126-0

1. Administração. 2. Atendimento ao Cliente. I. Título.

2021-2481 CDD 658.85
CDU 658.85

Elaborado por Vagner Rodolfo da Silva - CRB-8/9410

ALTA BOOKS EDITORA

Rua Viúva Cláudio, 291 — Bairro Industrial do Jacaré
CEP: 20.970-031 — Rio de Janeiro (RJ)
Tels.: (21) 3278-8069 / 3278-8419
www.altabooks.com.br — altabooks@altabooks.com.br

Produção Editorial
Editora Alta Books

Diretor Editorial
Anderson Vieira

Gerência Comercial
Daniele Fonseca

Coordenação Financeira
Solange Souza

Editor de Aquisição
José Rugeri
acquisition@altabooks.com.br

Produtores Editoriais
Illysabelle Trajano
Maria de Lourdes Borges
Thales Silva
Thiê Alves

Assistente Editorial
Luana Goulart

Marketing Editorial
Livia Carvalho
Gabriela Carvalho
Thiago Brito
marketing@altabooks.com.br

Equipe Ass. Editorial
Brenda Rodrigues
Caroline David
Luana Rodrigues
Mariana Portugal
Raquel Porto

Equipe de Design
Larissa Lima
Marcelli Ferreira
Paulo Gomes

Equipe Comercial
Adriana Baricelli
Daiana Costa
Fillipe Amorim
Kaique Luiz
Victor Hugo Morais
Viviane Paiva

Atuaram na edição desta obra:

Revisão Gramatical
Elaine dos Santos Batista
Kamila Wozniak

Capa
Marcelli Ferreira

Diagramação
Catia Soderi

Ouvidoria: ouvidoria@altabooks.com.br

Editora afiliada à:

abdr ASSOCIAÇÃO BRASILEIRA DE DIREITOS REPROGRÁFICOS

ASSOCIADO CBL Câmara Brasileira do Livro

SUMÁRIO

Sobre o Autor 9

Agradecimento 11

Para começar 13

Introdução e Reengenharia 2.0 15

Primeiro prefácio: Don Peppers — Liderando uma Transformação Centrada no Cliente 23

Segundo prefácio: José Geraldo Brito Filomeno — Fazer o cliente (consumidor) feliz 29

ARTIGOS DOS ESPECIALISTAS

José Teofilo Neto — *Fazendo mais pelos concorrentes* 37

Myrian Helena Naime — *Engajamento, Experiência do Cliente, Satisfação, Qualidade... a preferência!* 41

Sergio Correa — *De Central de Atendimento a Central de Relacionamento em duas décadas* 47

Wilson Fernandes — *Tecnologia não é só equipamentos...* 53

Carlos Umberto Allegretti — *Por que o Cliente sempre quer mais?* 57

Márcia Pollard — *3 Pilares para um Call Center* 63

Edson Vismona — *A Governança Cidadã* 67

Simone Janina Fett Vidal — *Compartilhando a jornada do cliente...* 71

Eduardo Hirschheimer — *Faça o que você faz tão bem* 77

Raúl Candeloro — *Entender bem para atender (e vender) bem* 81

André Veloso — *Segmentar para Otimizar* 93

Miguel Sauan — *Reputação na Era da Informação* 97

Elizabeth Almeida — *Dream Team* 101

Elizabeth Evangelista Andreoli — *É fundamental ouvir o nosso Cliente!* 107

Herbert Ferreira — *Antes e depois do CRM* 113

João Pedro Sant'Anna — *Um novo campo de Batalha* 117

José Eduardo Tavolieri de Oliveira — *A inviolabilidade do uso indevido de informações nos aparelhos móveis* 121

Karina Alfano — *Simplicidade no discurso e desafios na prática* 125

Oliva Vasconcellos — *O desafio de ouvir o cidadão na área da saúde* 129

José Carlos Ferreira — *Atendimento e Cidadania* 133

Alessandro Lima — *Os desafios do Social CRM para a próxima década* 137

Ana Maria Moreira Monteiro — *A experiência te diferenciará* 143

Waldinei Guimarães — *O Cientista de Dados e seus demônios* 147

Marcelo Miyashita — *A 3ª Geração do Marketing de Relacionamento* 151

Lisa Ford — *Por que o Atendimento ao Cliente Não Basta* 157

Rui Santos — *Gestão da Qualidade do Atendimento ao Cliente* 163

José Carlos Yamagoshi Wang — *Experiência do Cliente – Inteligência Emocional* 169

Shep Hyken — *Clientes de Hoje exigem Serviços sob Seus Termos* 175

Cristiane Paixão — *Atendimento ao Cliente: é preciso ser gentil e eficiente* 179

Considerações Finais — E a evolução continua... 183

Agora é com você! — Ferramentas para você aplicar em sua Empresa 185

Mantendo o Foco no Cliente 187

Os fatos econômicos sobre clientes e fidelidade 189

Orçamentos típicos de marketing 191

Identificando os clientes certos 193

Como a fidelidade do cliente afeta a lucratividade? 195

Calculando o valor vitalício de seu cliente 197

Usando a cadeia Serviços–Lucro para construir a fidelidade do cliente e a lucratividade 199

Qualificando seus funcionários 203
Conhecendo o cliente 209
Fornecendo valor 215
Anexos 221

Planilha para Valor Vitalício do Cliente 221
Cálculo da Rotatividade de Funcionários 224
Pesquisa sobre a Qualidade dos Serviços 226
Planilha de Equação do Valor para o Cliente 228
Planilha para Aperfeiçoamento de um Processo de Trabalho 230
Cálculo básico da Rotatividade de Funcionários 231
Quadro de Feedback do Cliente 232
Desenvolvendo metas de satisfação para clientes internos e externos 233

Passos para desenvolver postos de escuta 235
Passos para aprimorar postos de escuta 237
Passos para mapear um processo de prestação de serviços 239
Passos para alcançar uma excelente recuperação de serviços 241
Passos para criar um processo de serviços centrado no cliente 245

Referências Bibliográficas 249
Índice 251

Trate seu próximo como
gostaria de ser tratado —
independentemente de ser
ou não seu cliente

– Jesus Cristo.

Sobre
O AUTOR

Heverton Anunciação nasceu em Brasília/DF. É pesquisador em comportamental e tecnologia da informação. Desde 1985 no ramo de tecnologia, atualmente é gerente de projeto em CRM (Customer Relationship Management), *subject-matter expert* em Social CRM e CSM (Certified Scrum Master) em Scrum Agile.

Estudou tecnologia em várias instituições do Brasil e do exterior. Hoje em dia, especializa-se nas novidades do mundo do marketing, do customer experience, da responsabilidade social e da administração de empresas.

O Autor é pesquisador do Marketing de Relacionamento (CRM) e Experiência de Consumo, além de possuir experiência na implementação, administração e treinamento de ERP e CRM em instituição financeira, empresas do varejo, telecomunicações, e *Contact Center* no Brasil e exterior.

Heverton Anunciação atuou como gerente de projetos, PMO e consultor em projetos de TI e CRM no Brasil e América Latina de empresas como Supremo Tribunal Federal, Unafisco, Mary Kay do Brasil, O Boticário, Atento, Telemig, Vantive, PeopleSoft, Programa de Fidelidade Clube Extra, campanha presidencial de Aécio Neves em 2014, UOL, Ericsson, Entel Chile, entre outros.

É conhecido no mercado como: "O Cara do CRM" pela sua vasta experiência e notoriedade. É autor de livros e artigos sobre o tema em várias revistas, inclusive *Revista Exame*. E atuou como um dos jurados do PrêmioABT

2013 para eleger os melhores cases de Atendimento ao Cliente do Brasil, bem como também no Prêmio CMS 2018 para eleger os melhores cases de Televendas e Cobrança do Brasil.

Para contato:

www.heverton.com.br

heverton@heverton.com.br

AGRADECIMENTO

Eu agradeço a minha família, em Brasília, que sempre acreditou em mim, à Josiane Marques, ao Rogério Ortega que me trouxe em 1999 para este mundo encantado do CRM, à Família Eox Tecnologia que me recebeu muito bem em Curitiba, à amiga e editora Rosana Arruda, e aos ilustres convidados para participar deste livro, bem como cada um dos milhões de profissionais que diariamente lidam com o cliente no Brasil. O sucesso de nossa profissão depende da dedicação de cada um de nós.

Para COMEÇAR

Os dois primeiros artigos deste livro são como se fossem um sonho de infância. Normalmente, toda criança quer conhecer seus ídolos, logo, na área de CRM e Atendimento ao Cliente no Brasil e no mundo, eu poderia citar que **Don Peppers, o pai do CRM no Mundo**, e **Dr. José Filomeno,** um dos pais do nosso famoso **Código do Consumidor Brasileiro (CDC),** tornaram-se referência no setor e eu consegui a participação exclusiva deles nesta coletânea de artigos.

Qual é a importância disso? Na minha visão de um pouco da História, grandes referências no mundo corporativo ou até no capitalismo como Henry Ford, Philip Kotler e Peter Drucker nos ensinaram muito bem como "caçar" clientes e/ou como "gerenciar" o negócio, mas esses, entre outros, não focaram muito na arte de entender e se relacionar com os clientes. Afinal, a história mostra que a maioria das empresas focou em ser ótima no "pré-venda" e em conquista dos clientes, mas péssimos no "pós-venda" e manutenção dos clientes. É como um casamento, você só quer cuidar quando já está perdendo.

Contudo, com a participação desses dois ilustres convidados neste livro, sua carreira e empresa agradecerão, porque você aprenderá a se preparar e também a preparar os processos de sua empresa para que não finja que não enxerga os sinais que os seus clientes estão te enviando antes de pedir um "divórcio" e, a partir daí, relacionarem-se com outras marcas e produtos.

Os demais artigos dos colaboradores neste livro trazem uma contribuição importante para o atendimento ao cliente no que tange às estratégias de engajamento, à medição da jornada e experiência do cliente nos canais de contatos, à governança ideal de dados e das relações com os clientes, às preocupações em montar um programa de fidelidade, à formação e política de treinamento do time ideal de atendimento, às legislações que devem ser seguidas no país, e ao entendimento de uma Central de Atendimento e das Ouvidorias, sobre as tecnologias envolvidas nos canais e, ainda foram incluídas, dicas e curiosidades para que você possa sempre ampliar seus conhecimentos, além de sugestões de leitura complementar.

E qual será a sua participação após a leitura dos excelentes artigos deste livro? No final do livro há uma seção "Agora é com você", que apresenta uma série de ferramentas e recomendações para você começar a melhorar o Atendimento ao Cliente na sua empresa. Se a sua empresa não aceitar, não se preocupe, a sua carreira avançará, porque todos que pensaram no cliente estão bem no mercado.

Foto criada por pressfoto. Fonte: imagem retirada do freepik.

Introdução e **REENGENHARIA 2.0**

É cinco vezes mais caro conquistar um novo cliente do que manter um já existente.
(American Customs Association, 1980)

Em 2012, num dos artigos da revista *Harvard Business Review*, o reitor da Rotman School of Management, Roger Martin escreveu algo que iniciou a mostrar o que as empresas estavam fazendo de errado nas suas relações com os clientes. No seu maravilhoso artigo intitulado *A Era do Capitalismo do Cliente*, Roger Martin explica de forma científica: "não é que as empresas estão fazendo tudo errado, só não estão ainda focadas no alvo correto". Ele concluiu que o capitalismo moderno pode ser dividido em duas grandes eras: a primeira, a do capitalismo gerencial, começou em 1932 e foi definida pela tese, então radical, de que toda empresa deveria ter uma gestão profissional. A segunda, a do capitalismo do valor ao acionista, teve início em 1976 e é regida pela premissa de que a finalidade de toda empresa deve ser de maximizar a riqueza dos acionistas. Se a iniciativa privada tiver tal meta, reza a tese, tanto acionistas como a sociedade se beneficiarão. É uma premissa tragicamente falha e já é hora de abandoná-la e inaugurar uma terceira era: a do capitalismo voltado ao cliente.

A tese de Roger Martin resume-se em uma grande ideia: é hora de abandonar a tese popular de que a grande prioridade da empresa deve ser maximizar o valor ao acionista. A ideia é trágica e inerentemente falha. Qual é o argumento? É impossível aumentar sem parar o valor ao acionista, pois a cotação da ação é movida pelas expectativas de acionistas em relação ao futuro — expectativas que não podem subir indefinidamente. O que os dados mostram? O foco no valor ao acionista não foi benéfico para o investidor. Aliás, seu retorno caiu depois que a empresa adotou o valor ao acionista como princípio norteador. Para onde iremos? Uma abordagem melhor: tornar o valor ao cliente uma prioridade, como fizeram Johnson & Johnson e Procter & Gamble. Nas duas, o retorno ao acionista é igual ou superior ao de empresas com olhos apenas para o investidor.

Peguemos a Johnson & Johnson. Sua declaração resumida de propósito — seu credo — e a mais eloquente do meio empresarial que não mudou desde que o lendário presidente Robert Wood Johnson fundou a empresa em 1943. Ei-lo, em versão abreviada:

> "Cremos que nossa primeira responsabilidade é para com os médicos, enfermeiras e pacientes, para com as mães, pais e todos os demais que usam nossos produtos e serviços. (...) Somos responsáveis para com nossos empregados, homens e mulheres que conosco trabalham em todo o mundo. (...) Somos responsáveis perante as comunidades nas quais vivemos e trabalhamos, bem como perante a comunidade mundial. (...) Nossa responsabilidade final é para com os nossos acionistas. (...) Ao operarmos de acordo com esses princípios, nossos acionistas devem receber justa recompensa."

Esse credo deixa bem claro qual é a hierarquia: o cliente vem primeiro e, por último, o acionista. A Johnson & Johnson acredita, no entanto, que quando a satisfação do cliente está no topo da lista, os acionistas também sairão ganhando.

Até aqui, a aposta surtiu efeito. Vejamos o modo como um ex-presidente da empresa, James Burke, lidou com a crise do Tylenol em 1982, quando sete pessoas na região de Chicago morreram envenenadas após ingerir cápsulas adulteradas do medicamento. A resposta da Johnson & Johnson é considerada um caso clássico de empresa que "faz a coisa certa" independentemente do impacto sobre o lucro. As mortes se concentraram na área de Chicago, mas Burke imediatamente mandou recolher o analgésico de todas as farmácias dos EUA, embora tal providência não tivesse sido exigida pelo governo e o Tylenol representasse um quinto dos lucros da empresa. Após o recall, vendas e participação de mercado despencaram.

Comentaristas se disseram surpresos ao ver o presidente de uma empresa de capital aberto jogar para o alto a possibilidade de lucro e louvaram o executivo pela postura moral exemplar que assumira. É só conferir o credo, no entanto, para ver que a decisão era fruto menos de sua correção moral e mais dos objetivos claramente definidos da Johnson & Johnson. Para muitos, Burke simplesmente seguiu o credo, como presidente cioso de seus deveres. O cliente vinha em primeiro lugar e o acionista, em quarto — e Burke agiu em conformidade com isso. Não colocou a satisfação das expectativas de lucro do trimestre no topo da lista. Na verdade, colocou esse item em último lugar.

No longo prazo, a decisão não prejudicou em nada a Johnson & Johnson. Aliás, a fidelidade ao Tylenol disparou depois que a empresa demonstrou que a segurança do consumidor estava em primeiro lugar e lançou a primeira embalagem inviolável para medicamentos vendidos sem receita. Em setembro de 2009, o valor de mercado da empresa era de US$167 bilhões, o nono maior do mundo. A Johnson & Johnson parece, sim, ter garantido ao investidor de longo prazo mais do que uma "justa recompensa".

E eu acrescento: como mudar da noite para o dia a cultura de empresas e seus presidentes que foram "formados" ou contratados para serem ótimos no pré-venda e não no pós-venda? Eles foram contratados para serem caçadores de clientes, e não fazendeiros (cuidadores). Por último, muitas empresas do tipo S/A, tão focadas no retorno ao acionista, têm como seus proprietários fundos de pensão e/ou outros grandes grupos investidores, o qual, logicamente, visa lucro para seus investidores. Como explicar para o investidor que não está no dia a dia do negócio, a importância e o retorno compensatório do investimento no cliente final? Investimento no cliente é retorno de médio a longo prazo, e não apenas ficarem numa "poltrona virtual" cobrando 20% de rentabilidade anual.

Como explicar aos investidores que beneficiar o cliente final e também os funcionários dará mais retorno no longo prazo? O que obviamente dará sustentabilidade ao negócio?

Se já foi provado que os clientes estão dispostos a pagar um pouco a mais pela qualidade que eles recebem, logo a diferença recebida pela empresa deveria ser reinvestida constantemente na melhoria de processos e experiência de consumo voltados para o cliente, e não essa mesma diferença recebida ir diretamente para o bolso dos acionistas. Lembremos uma frase do renomado Jack Welch: "...Sempre que a satisfação dos clientes estiver crescendo, a participação da empresa no mercado a acompanhará..."

Agora, o que o Capitalismo tem a ver com redes sociais e social CRM? Mais para frente, eu explico.

Na escala evolutiva das empresas e do mundo dos negócios, nós estamos mais rápidos, porém ainda estamos na "infância" no que se refere ao Atendimento ao Cliente. Estas transformações estão acontecendo pelo surgimento do Código de Defesa do Consumidor, dos SACs, do gerenciamento das relações com o cliente, das ações de sustentabilidade e do marketing de relacionamento. Se olharmos um pouco para trás nos anos 1980, a reengenharia trouxe-nos a ideia de oferecer melhores produtos, inclusive fazendo empresas se gabarem orgulhosas de suas certificações ISO 9000... Não é que não tenhamos melhorado, mas, como ainda estávamos míopes naquele ponto da história, preocupamo-nos em melhorar apenas os produtos. Os processos e os produtos foram melhorados na visão do produto e ainda, somente, na perspectiva da própria empresa.

Tivemos então o surgimento dos primeiros softwares de CRM (Customer Relationship Management) o que fez muita empresa achar que um software curaria essa miopia ainda existente. Mais uma vez, em algumas empresas, não é que houve a cura da miopia, mas ocorreu a real aparição e identificação do que "estava escondido debaixo dos tapetes corporativos". Os processos e toda estratégia da empresa estavam focados em produtos, mas não nos clientes. E daí nasce a minha conclusão: se tivemos no século passado uma reengenharia focada em produtos, agora precisamos urgentemente implantar nas empresas uma reengenharia de processos, porém focada na perspectiva dos clientes e suas experiências de consumo. É uma reengenharia 2.0, se assim podemos chamá-la.

Isso se resume na seguinte frase: há muitas empresas que são ou estão digitais, mas seus processos ainda são ou estão analógicos, pelo menos, na visão de seus consumidores. Os processos corporativos devem ser vistos como sendo a partitura da empresa, onde cada área dará o seu ritmo para agradar aos clientes.

Nunca tivemos tantas tecnologias sofisticadas, caras ou baratas, de Call Center, Webcall Center, SMS, Fale Conosco etc., mas as mesmas estão ainda sendo usadas em processos antigos. Processos que foram pensados no século passado e desenhados para entregar produtos, e não experiências de consumo excepcionais a consumidores cada vez mais exigentes.

Algumas empresas então resolveram, por não terem expertise na cura da miopia, buscar a terceirização como um caminho alternativo. Não tenho nada contra a terceirização, exceto quando a empresa tenta empurrar seu problema de processo para ser resolvido externamente. Nesse assunto, mudamos apenas o problema de lugar, mas não a causa raiz. Nos Estados Unidos tivemos até a chamada "síndrome dos 4US$", na qual investimentos milionários foram feitos em software de CRM, em publicidade, estratégia etc., entretanto um dos elementos mais importantes no Atendimento ao Consumidor, o funcionário ou atendente, é um empregado terceirizado que ganha quatro dólares por hora, lá na Ásia. Perde-se e não se cria o engajamento nas pontas.

Com processos defasados, as empresas e seus respectivos departamentos estavam fazendo tudo certo, na sua própria visão. A área de Marketing entregava seu plano de marketing; Logística entregava produtos; Vendas, vendia; Produção, produzia. E, assim, cada área via o cliente apenas em visões apartadas ou pedaços. Entretanto, no mundo do consumidor e em sua perspectiva não existem departamentos, a empresa é uma só. E os processos mostravam que não há uma governança, seja de processos ou de informação, que vise atender bem o cliente.

Ainda na procura da cura da miopia, empresas utilizaram sofisticados sistemas de computador de voz em suas centrais telefônica (IVR/URA), sem falar de um 0800 próprio. Como não conseguiram resolver os problemas, hoje até há empresas que, em seus sites na internet, escondem a opção 0800 ou Fale Conosco, exatamente por não ter processo ou condições de atendimento. Por outro lado, a capacidade de vender e produzir produtos continuam excelentes e em crescimento, afinal, o acionista foi o foco até agora.

Mas, talvez você possa pensar: e os maravilhosos Call Centers que as empresas instalaram? Isso não curou a miopia? Eu respondo que apenas serviu de placebo, mas não de cura definitiva. Operadores e supervisores foram contratados em baias para atuarem não focados em clientes, mas em **TMA** (tempo médio de atendimento) como se fossem operários de chão de fábrica: quanto mais produtos produzir, torna-se um melhor funcionário. E se esqueceram de algo simples: **consumidor não é produto**.

Algumas empresas criaram até Ouvidorias, que, como última instância, conseguiam, de forma imparcial, resolver problemas trazidos pelos consumidores. Entretanto, para uma Ouvidoria ter maior autonomia do que o contact center, acabou gerando "briguinhas internas" entre essas duas áreas, do tipo, "por que a Ouvidoria consegue resolver e nós, do Call Center, não?!" Simples: autonomia e processos diferentes.

Os processos corporativos atuais não praticam a empatia, ou seja, não se colocam no lugar do cliente. Temos que tratar os clientes como gostaríamos de ser tratados, simples assim. Na pressa de lançamento de produtos, os clientes aceitam que as empresas errem. Mas eles somente perdoarão se as mesmas empresas trouxeram algo pensando neles, e não apenas nos egos corporativos.

Se lealdade é um ativo intangível hoje, quem detém isso não é a empresa, mas o cliente. É ele, o cliente, o dono da fidelidade e onde a depositará. Mas daí você, amigo leitor, pode continuar perguntando: o que este capítulo tem a ver com Social CRM e redes sociais? Até que enfim, eu explico: as redes sociais são apenas mais um canal de contato como tantos outros, mas somente se destacarão nesse novo canal as empresas que tiverem processos novos e voltados para um novo consumidor. Caso contrário, a miopia persistirá. É que passado o mal resolvido, sempre volta. Portanto, resolvamos logo.

Temos que ligar dois mundos e duas visões corporativas que ainda estão enraizadas. A primeira diz que precisamos fazer tudo pelo cliente! O cliente é rei! Ele deve ser o foco de tudo! Antagonicamente, a segunda diz que as empresas precisam cortar custos! Fazer mais com menos sempre! O único problema é que essas duas grandes máximas não se conversam. E é por isso que muitos clientes se sentem mal atendidos por uma série de empresas, independentemente do canal de contato.

A maioria das empresas aprende relacionamento com o cliente após muitos erros. Eu, como um dos principais consultores na área, procurei selecionar os melhores especialistas no assunto e apresentar, neste livro, conselhos, por meio de uma coletânea de artigos de profissionais de Atendimento ao Cliente do mundo com experiência renomada em Tecnologia da Informação, Treinamento, Marketing, Business Intelligence, Estratégia, Terceirização, Operações, Contact Center, Experiência do Consumidor, Canais de contato e Varejo etc. O objetivo é que você, caro leitor, compreenda a complexidade das variáveis que envolvem oferecer uma experiência excepcional ao cliente, além de lhe auxiliar a quebrar paradigmas e obter excelência no Atendimento ao Cliente.

Heverton Anunciação

Palestrante, escritor, consultor e pesquisador em
Tecnologia da Informação e CRM

www.heverton.com.br

heverton@heverton.com.br

PRIMEIRO PREFÁCIO

Liderando uma Transformação **CENTRADA NO CLIENTE**

– EUA*

Como as novas tecnologias apresentam aos clientes de hoje informações atualizadas sobre as empresas das quais compram, os produtos que desejam e as opiniões de amigos e conhecidos sobre sua experiência com cada marca, quase não há negócios no planeta que não se dediquem a se tornar mais centrados no cliente.

Certa vez, pediram-me para ministrar um workshop para um pequeno grupo de executivos seniores de uma grande empresa multivisão que estava se voltando mais para o cliente. Durante uma ligação de planejamento com o CEO da empresa, ele me perguntou como saber se o workshop seria um sucesso. "O que você quer dizer?"– perguntei.

Bem, disse ele, o que meus executivos farão de diferente se conseguirmos convencê-los de que essa é uma boa direção para nossa empresa?

Como era uma boa pergunta, discutimos a questão por alguns minutos, listando os tipos de "comportamentos de liderança" esperados de um executivo que se convenceu de que voltou sua empresa para uma abordagem centrada no cliente. E, com poucas modificações, utilizo essa lista de comportamentos de liderança em meus workshops e palestras há muitos anos.

*** Nota**: este artigo é uma tradução da versão original *Leading a Customer-Centric Transformation.*

Se deseja garantir que sua empresa se torne mais capaz de oferecer uma experiência genuinamente satisfatória, sem atritos, e que seja produtiva para o cliente, aqui estão seis "comportamentos de liderança" que devem ser adotados por seus gerentes:

- **Acumule cada vez mais conhecimento em centralização no cliente.** Os líderes comprometidos em melhorar a experiência do cliente participarão de conferências e sessões de treinamento, avaliando empresas centradas no cliente e compartilhando as melhores práticas com outras unidades de negócios ou empresas afiliadas. Se vejo líderes participando e criando programas de orientação e treinamento voltados para o cliente, para seus funcionários, sei que seu compromisso com a transformação da empresa é genuíno.
- **Estabeleça contato direto com os clientes regularmente.** Os líderes comprometidos em oferecer uma melhor experiência para o cliente exigem mais feedbacks dele. Eles desejam ouvi-lo. Isso pode significar participar de grupos focais e sessões de pesquisa pessoalmente ou entrevistar clientes diretamente. Pode envolver o mistério de comprar a própria empresa, bem como as dos concorrentes. Em uma empresa com a qual trabalhei, meia hora aleatória de ligações recebidas pelo setor de Atendimento ao Cliente é registrada todos os dias, depois copiada e distribuída aos principais líderes da empresa, para que ouçam diretamente o que os clientes estão dizendo e, a partir disso, reorientem seu trabalho.
- **Ultrapasse os limites para gerar resultados em toda a empresa.** Os silos organizacionais são uma maldição no que diz respeito à centralização no cliente; portanto, os líderes comprometidos com uma melhor experiência do cliente fazem o que é preciso para destruí-los. Mas, mesmo quando essas barreiras persistem, os líderes comprometidos fazem o possível para garantir que cada cliente tenha uma experiência homogênea com todos os produtos e canais. Quando se comprometem com esse tipo de transformação, empenham-se em fo-

mentar iniciativas interdepartamentais destinadas a eliminar as inconsistências e a compartilhar as melhores práticas.

- **Meça o sucesso de maneira diferente.** O cruzamento de fronteiras só é eficaz em longo prazo se novas estruturas de métricas e recompensas forem introduzidas, incluindo itens como índices de satisfação do cliente e NPS (Net Promoter Score). Os benefícios de um melhor serviço ou da maior satisfação do cliente geralmente não se traduzem em vendas e lucros no período financeiro vigente; portanto, quando os planos de remuneração de incentivos de uma empresa são baseados apenas no desempenho financeiro, sei que seus líderes não estão realmente comprometidos com foco total no cliente. Eles podem considerá-lo bom, mas não essencial. A centralização no cliente exige que a empresa vincule os incentivos financeiros e as decisões orçamentárias às métricas que avaliem a qualidade da experiência do cliente; é simples.
- **Foque no progresso incremental e nas "vitórias rápidas".** Grande parte de toda iniciativa de gestão de mudanças em uma empresa envolve acumular pequenos sucessos, celebrá-los e criar uma motivação gradual na empresa rumo à mudança necessária. Para ter sucesso, os líderes de uma empresa não devem ser tão consumidos pelo destino a ponto de não prestarem atenção na solução de pequenos problemas, na concretização de pequenos projetos e no piloto de várias iniciativas centradas no cliente em diferentes áreas, simultaneamente. O mundo competitivo muda muito rapidamente para que aguardemos as soluções perfeitas. Mas, com o tempo, o impulso é criado com pequenos esforços, projetos de escopo limitado, vitórias rápidas e até "acidentes", que tornam uma abordagem mais abrangente ainda mais fácil de se testar, justificar e implementar. Isso direciona a mudança para toda a hierarquia organizacional.
- **Comunique-se e viva de acordo com valores centrados no cliente.** Por fim, sua equipe executiva realmente "conversa" sobre como proporcionar uma boa experiência para o cliente ou tudo é da boca para fora? Um líder comprometido encontra oportunidades para discutir

com os funcionários como a empresa deve tratar certos tipos de clientes, talvez se concentrando em estilos de vida específicos, padrões de transação ou apenas em dados demográficos simples. Ele dá mais ênfase às iniciativas criadas para melhorar as diferentes experiências dos clientes para toda a variedade de tipos de clientes. E um líder comprometido com a centralização do cliente também está comprometido com a transparência e com a confiança — garantindo que a política oficial da organização sempre defenda os interesses do cliente, mesmo que isso a impeça de gerar semelhante nível de lucro em curto prazo.

DON PEPERS

http://cxspeakers.com/don-peppers

- Reconhecido há mais de 25 anos como uma das principais autoridades do mundo em estratégias de negócios focadas no cliente, Don Peppers é um autor aclamado e um parceiro fundador, com Martha Rogers, do Peppers & Rogers Group. Seu último empreendimento foi a fundação da CX Speakers, uma empresa que oferece workshops, apresentações e consultoria de liderança de pensamento focada em tópicos sobre a experiência do cliente.
- Peppers lançou recentemente seu 11° livro, ***Customer Experience: What, How e Why Now*** **(*Experiência do Cliente: o quê, como e por quê agora,* tradução livre)**, uma coleção de ensaios que oferecem ideias e recomendações sobre como criar e manter um negócio centrado no cliente.
- Com mais de 280 mil seguidores de suas publicações regulares de conteúdo original no LinkedIn, Peppers foi listado várias vezes, na própria rede social, como um dos dez principais influenciadores de marketing. Em 2015, a Satmetrix elencou Don e Martha Rogers em primeiro lugar na sua lista dos 25 principais líderes de experiência do cliente mais influentes.
- Para mais informações sobre Don Peppers, visite http://cxspeakers.com/don-peppers

Comentários do Autor Heverton Anunciação
SOBRE ESTE ARTIGO

Eu tinha o dever de trazer para este livro o Don Peppers, pois ele mudou o mundo da relação empresa-cliente quando, em 1993, juntamente com a PHD Martha Rogers, a quem eu poderia chamar de "mãe do CRM", lançou o livro *The One to One Future: Building Relationships One Customer at a Time* (*O Futuro Um a Um: Construindo Relacionamentos, Um cliente Por Vez*, em tradução livre). Vivíamos num mundo onde o Marketing e Vendas dominavam as empresas. Crie e Venda! Crie e Venda! Crie algo e venda para muitos, mas daí surge o conceito chamado de *one on one* (*um a um*, em tradução livre) trazido por Peppers e Rogers, que no final deste ciclo obrigou as empresas a medirem o pós-venda, a experiência de consumo para retroalimentar todo o processo. Isso assustou e mexeu com a estrutura do Marketing. Muitas empresas até hoje não conseguiram mudar seus modelos mentais, mas graças ao trabalho desses dois "bandeirantes" e defensores da relação empresa-cliente, nós agora temos

- **DICA**

  Consulte o link: Retorno sobre Clientes – https://experience.hsm.com.br/posts/retorno-sobre-clientes dez. 2019, para conhecer mais estratégias sobre a importância de ouvir o cliente.

- **CURIOSIDADE**

  No link: https://blog.smile.io/top-10-best-customer-experiences, jan. 2020, você poderá conhecer dez das melhores experiências de clientes relatadas por Kirsten Burkard.

- **SUGESTÃO DE LEITURA COMPLEMENTAR**

  The future of customer experience - Don Peppers – https://www.youtube.com/watch?v=mBeVv3vfWw8

  DMA2012 Saturday Keynote - Don Peppers – https://www.youtube.com/watch?v=ukl9Y8wZJNI

  Livro - The One to One Future – https://www.amazon.com.br/One-Future-Don-Peppers/dp/0385485662

referência para nos guiar neste mapa com destino ao tesouro que é a arte de ouvir a "voz do cliente".

Neste artigo, Don Peppers toca em uma "ferida corporativa" existente há muito tempo e ainda não curada. Muitas empresas buscaram os melhores sistemas integrados, os melhores funcionários, os melhores processos, contudo, se a empresa não tiver o apoio dos donos, do presidente ou executivos das empresas, nenhuma estratégia de relacionamento será de sucesso. Eu cheguei a ver e participar de projetos nos quais executivos achavam que comprar um software de computador faria com que os clientes amassem as empresas. A maioria dos executivos busca agradar o alcance de metas. Isso é importante, mas se a empresa não colocar nos seus indicadores da experiência de consumo e pós-venda, e que o tempo de retorno das variáveis não necessariamente é no mesmo ano fiscal financeiro, sim, muitos executivos são demitidos e demitem por não saberem calcular o retorno de investimento no cliente.

Nesses seis conselhos e dicas trazidos pelo Don Peppers neste artigo, ele ressalta que tanto cursos de colégios, faculdades e filosofia corporativa focados no mundo dos negócios devem continuamente se ajustar. Esquecendo o ego da marca ou dos executivos, mas sim, buscar um relacionamento lucrativo para todas as partes e no longo prazo, caso contrário, o cliente nunca confiará e defenderá a empresa. E um cliente não satisfeito pode mudar de defensor ou evangelista para um detrator e fazer de tudo, fora ou dentro das redes sociais, tentando levar outros clientes a não se relacionarem mais com essa empresa ou produto.

SEGUNDO PREFÁCIO

Fazer o Cliente (CONSUMIDOR) FELIZ

Nada mais do que uma obrigação de todo e qualquer fornecedor!

Quando em 1983 fomos designados para atuarmos como promotores de Justiça do Consumidor no Procon estadual, ficamos abismados com o número de reclamações ali atendidas já àquela altura.

E o que nos impressionou ainda mais foi que, em grande parte das reclamações, o consumidor quando não estava satisfeito com a venda de um determinado produto ou execução de um serviço ainda era maltratado pelo respectivo fornecedor que simplesmente lhe dava de ombros. Ou com o clássico e certamente irritante: "vá procurar os seus direitos se não está satisfeito".

Era mais "econômico" muitas das vezes uma eventual demanda judicial — sabidamente demorada — ou procedimento administrativo no Procon dentro dos orçamentos/custos operacionais do que efetivamente fazer o que deveria ser feito: a) atender corretamente o consumidor, pacientemente e com consideração, antes de mais nada; b) aproveitar essa reclamação e outras para a correção de rumos do próprio negócio (por exemplo, mediante melhorias e revisão nos processos produtivos, mormente no incremento de melhor controle de qualidade, inovação etc.).

O que era uma enorme gama de reclamações — em boa parte, é verdade, solucionadas pelos Procons — provocava, entretanto, um "resíduo tóxico", ou seja, uma infinidade de demandas judiciais.

Apesar de evidente melhora no relacionamento entre consumidor e empresa, sobretudo com a edição da “lei do SAC” (na verdade o Decreto Federal 6.523/08), os números de reclamações ainda assustam. Basta adentrarmos aos sites da Secretaria Nacional de Defesa do Consumidor e do Procon estadual de São Paulo para constatarmos essa realidade. E o que é pior: segundo levantamento feito pelo CNJ — Conselho Nacional de Justiça, há, hoje no país, cerca de 100 milhões de demandas judiciais em andamento, em grande parte geradas por conflitos de ordem tributária e de relações de consumo. Ou seja: em média uma demanda para cada dois brasileiros!

A situação é insustentável e, não obstante os esforços dos Procons e do Poder Judiciário, a tarefa principal e a “lição de casa” deve ser feita pelos próprios fornecedores de produtos e serviços.

Aliás, bordões como “sua satisfação garantida ou o seu dinheiro de volta”, ou então “o cliente sempre tem razão”, já se tornaram clichês ultrapassados, sem sentido e vazios, já que as tarefas devidas não são executadas a contento.

Outras máximas parecem ter ficado esquecidas por muitos fornecedores: “O consumidor é o elo mais fraco da economia; e nenhuma corrente pode ser mais forte do que seu elo mais fraco” (HENRY FORD); ou ainda e principalmente, “quem garante todos os empregos (e lucros) não são os empresários, os sindicalistas ou os governantes; são os consumidores” (JOHN HICKS, detentor do prêmio Nobel de Economia em 1972).

Eis aí alguma coisa para dar o que pensar. Tratar bem o consumidor, desde a sua abordagem mediante ofertas e publicidade éticas, passando por termos contratuais igualmente justos e não abusivos e, por fim, mediante um eficiente serviço de atendimento pós-venda, parece-nos algo tão evidente e óbvio, que somente os que não veem ou percebem é porque não o querem.

Os tempos, todavia, não são mais aqueles em que “um só cliente insatisfeito produzia mais nove insatisfeitos” mediante a comunicação “boca a boca”. Hoje, um consumidor insatisfeito faz milhares ou, quiçá, milhões de insatisfeitos pelas redes sociais! Basta ver-se o exemplo extremado de um consumidor que, não atendido em sua reclamação, ateou fogo a um refrigerador em praça pública e viraliza esse vídeo para milhões de potenciais consumidores.

Isto me faz lembrar conversas com nosso pai quando lhe mostrávamos, orgulhoso, notas boas tiradas na escola: "ora, o seu trabalho é estudar; logo, não fez mais além do que sua obrigação!"

Eis aí a lição aos fornecedores na relação com seus clientes consumidores: tratá-los bem não é mérito algum, mas sua obrigação! O resto é desculpa esfarrapada ou má vontade.

JOSÉ GERALDO BRITO FILOMENO

filomeno@uol.com.br

- Advogado, consultor jurídico (Bonilha, Ratto & Teixeira – Advogados) e professor especialista em direito do consumidor. É também presidente da comissão geral de ética pública do governo estadual e membro dos conselhos consultivos da ABRAREC e da PROTESTE. Foi procurador-geral de Justiça do Estado de São Paulo e o primeiro membro do Ministério Público do país a exercer as funções de curadoria especializada em defesa do consumidor. Foi, ainda, vice-presidente e relator-geral da comissão especial de juristas que elaborou o anteprojeto do vigente Código de Defesa do Consumidor. É autor de diversos artigos, ensaios, teses e livros sobre essa matéria, destacando-se dentre esses últimos o *Manual de Direitos do Consumidor, Curso Fundamental de Direito do Consumidor, Tutela Administrativa do Consumidor* (organizador) e da obra coletiva *Código Brasileiro de Defesa do Consumidor — Comentado pelos Autores do Anteprojeto* (todos do Grupo GEN, as três primeiras com o selo Atlas e a quarta da Forense).
- Cf., por exemplo, o site www.consumidor.gov.
- Cf. para análise mais abrangente dessas questões a obra coletiva por nós organizada, *Tutela Administrativa do Consumidor: atuação dos Procons, legislação, doutrina e jurisprudência*, Ed. Atlas, 1ª edição, 2015.

Comentários do Autor Heverton Anunciação

SOBRE ESTE ARTIGO

Dr. José Filomeno, um dos pais do nosso famoso Código do Consumidor Brasileiro (CDC), tornou-se referência no setor e consegui sua participação exclusiva nesta coletânea de artigos.

Instituído pela Lei nº 8.078, de 11 de setembro de 1990, durante o mandato do então presidente Fernando Collor, o Código, entretanto, teve a sua vigência protelada para a adaptação das partes envolvidas.

O CDC foi fruto de uma expressa determinação constitucional que buscou preencher uma lacuna legislativa existente no Direito Americano, no qual as relações comerciais, tratadas de forma obsoleta por um Código Comercial do século XIX, não traziam nenhuma proteção ao consumidor. Assim, tornava-se necessária a elaboração de normas que acompanhassem o dinamismo de uma sociedade de massas que se formou no decorrer do século XXI, conforme dispunha a Constitui-

- **DICA**

  Consulte o "Código de Defesa do Consumidor entre as empresas: entenda como funciona" – https://chcadvocacia.adv.br/blog/codigo-defesa-do-consumidor/, dez. 2019.

- **CURIOSIDADE**

  Assista ao vídeo em que um consumidor cansado de reclamar quebra geladeira na frente da loja. https://www.youtube.com/watch?v=iGxUKn9lBxg, dez. 2019. Observe o ponto que um cliente pode chegar quando é mal atendido.

- **SUGESTÃO DE LEITURA COMPLEMENTAR**

  Código de Defesa do Consumidor – https://pt.wikipedia.org/wiki/C%C3%B3digo_de_Defesa_do_Consumidor

  MANUAL DE DIREITO DO CONSUMIDOR – https://www.defesadoconsumidor.gov.br/images/manuais/manual-do-direito-do-consumidor.pdf

  Edição Mestres do Consumidor — José Geraldo Brito Filomeno – https://www.youtube.com/watch?v=4yBiNAdBVvM

ção de 1988 no seu artigo 5º, inciso XXXII: O Estado promoverá na forma da lei a defesa do consumidor.

Por outro lado, com a redemocratização do país, a partir da promulgação da Constituição de 1988, houve um fortalecimento das entidades não governamentais, fortalecendo o clamor popular por uma regulamentação dos direitos sociais, o que se fez sentir também na criação deste corpo normativo.

Buscando alcançar esse objetivo, o Ministério da Justiça designou uma comissão de juristas para que elaborassem um anteprojeto de lei federal que mais tarde seria aprovado como o Código de Defesa do Consumidor. Tal comissão era presidida pela professora Ada Pellegrini Grinover e integrada por Antônio Herman de Vasconcellos e Benjamim, Daniel Roberto Fink, José Geraldo Brito Filomeno, Kazuo Watanabe, Nelson Nery Júnior e Zelmo Denari.

Finalmente, o CDC foi promulgado nos anos 1990, gerando importantes mudanças que, no decorrer dessa década e na primeira década do século XXI, mudaram consideravelmente as relações de consumo, impondo uma maior qualidade na fabricação dos produtos e no próprio atendimento das empresas de um modo geral.

Essa comissão de juristas contribuiu para toda a formação que ainda estamos construindo de uma cultura corporativa e educacional na qual o cliente tem voz. O nosso CDC tem se tornado referência mundial, e muitos governantes de outros países nos procuram para inspiração na criação dos seus próprios códigos de relação empresa-cliente, entretanto, sim, nós temos as regras, mas implementá-las já é outra coisa. Um dos pontos-chaves do CDC brasileiro é: se a empresa errou, aprenda com o erro, e não volte a cometê-lo.

Será que as empresas brasileiras estão sempre cometendo novos enganos ou os mesmos? Isso é culpa das metas de vendas (pré-venda) ou das faculdades que não ensinam aos alunos para que se tornem os novos profissionais do mercado? Ou isso seria, por acaso, a culpa dos acionistas que querem seus lucros a qualquer preço e no menor tempo possível? Um pouco de cada, eu arriscaria dizer.

A relação de consumo dos brasileiros com as empresas obteve muitos progressos, seja para setores ainda livres ou regulados pelo governo. Consumidores conseguiram que empresas criassem suas áreas de Atendimento ao Cliente, Governança, Certificações de qualidade, e até de Ouvidoria. No artigo, o Dr. Filomeno mostrou que as empresas brasileiras no passado, mas ainda há muitas hoje, que preferem mandar o problema para os tribunais ou Procon do que sanar o problema diretamente com o cliente e melhorar onde foi cometido o erro para não cometê-lo novamente.

Lógico que os erros não passam apenas pelas empresas. As empresas se viram também na obrigação de ajudar na educação dos consumos dos brasileiros, seja com sites na internet, seja com cartilhas ou até mesmo com contratos mais amigáveis e claros. Logo, as empresas e os consumidores já estão saindo da "infância" dos seus relacionamentos, pois empresas e consumidores mais empoderados saem do recalque e do medo do diálogo, e daí, numa conversa em que os dois escutam, pode sair o melhor.

Artigos dos **ESPECIALISTAS**

Foram quase dois anos de contatos para conseguir juntar todos esses profissionais neste livro inédito. São reconhecidos por sua vasta experiência prática e teórica no mercado de Atendimento ao Cliente.

O artigo escrito com o peso do nome de cada um deles traz as recomendações essenciais para quem atua no dia a dia com os clientes. Os assuntos abordam desde estratégias de engajamento, medição da jornada e experiência do cliente nos canais de contatos; governança ideal de dados e das relações com os clientes; preocupações para montar um programa de fidelidade; formação e política de treinamento do time ideal de atendimento; legislações que devem ser seguidas no país; entendimento de uma Central de Atendimento e das Ouvidorias; e sobre as tecnologias envolvidas nos canais de atendimento.

O objetivo foi trazer ilustres convidados que tenham tido experiência em empresas de vários portes e segmentos, e, com isso, trazer conteúdo relevante ao leitor.

Eu espero que a sua carreira e a sua empresa não sejam mais as mesmas após a leitura deste livro e coloquem em prática seus ensinamentos.

Fazendo mais pelos **CONCORRENTES**

"O cliente é a alma do negócio." Esse é um dos ditados populares que deveríamos praticar neste momento em que estamos em pleno deserto, sem sabermos se já percorremos a metade do caminho ou se a jornada ainda é longa.

Acalentamos o tão desejado sonho de minimizar riscos e maximizar resultados positivos, porém a única certeza são as mudanças e a grande incerteza é como priorizá-las. Sabemos que vivemos um momento cuja travessia é delicada e onde não é a empresa mais forte que vence; agora, vencem as empresas mais ágeis, as que identificam rapidamente os anseios dos clientes.

As unidades de atendimento/vendas estão na linha de frente e têm um papel estratégico neste momento, pois a elas cabe representar a empresa perante o cliente e representá-lo perante a empresa.

O atendimento começa muito antes de o cliente acessar uma unidade de atendimento/vendas (Call Center, site, ou pessoalmente em clínicas, consultórios, lojas, showroom etc.). Antes de adquirir qualquer produto, é formada uma imagem em sua mente, criada através de fatos envolvendo a empresa, tais como: anúncios em televisão, folhetos, e-mail marketing, indicação de amigos, recomendação de especialistas, aplicativos etc.

Cabe às unidades superarem-se através de um envolvimento com os clientes, fazendo um atendimento profissional e ao mesmo tempo carinhoso, procurando conversar e não repetir frases feitas, que soam metálicas, como um robô. Agindo assim, seu contato inicial fará algo para seu cliente e não apesar dele (há atendentes/vendedores que agem como se estivessem nos fazendo um favor!).

Segundo Tom Peters, guru da nova era do marketing de relacionamento, a percepção é TUDO e é no momento do atendimento que praticamente tudo se encaminha para uma boa transação, gerando vendas, indicações e contribuindo para a criação de uma boa imagem da empresa no mercado.

As pessoas farão a diferença!

A acirrada concorrência a que todos estão permanentemente expostos faz com que dia a dia todos procurem se superar na satisfação dos clientes, melhorando o atendimento em quaisquer formas de contato. Em resumo, buscando a excelência quando a empresa e os clientes se tocam.

Vale lembrar o sempre atual conceito de marketing: **conquistar e reter clientes**. Os profissionais que estão na linha de frente do atendimento e das vendas são os que tocam e são tocados pelos clientes. E esse é o momento da verdade e que não aceita vacilação, principalmente demonstrada pelo despreparo.

Para vencer mais essa crise, necessariamente, precisaremos de pessoas bem qualificadas e motivadas. Isso tudo para dizer-lhes: “Preparem seu pessoal, fortaleçam suas áreas de atendimento e vendas, pois são elas que farão os clientes comprarem.” E não há motivação maior que estar bem treinado para atravessar o deserto.

Enfim, a sugestão de investir em treinamento se configura em um ato heroico, dado que ainda há empresas que classificam treinamento como gasto supérfluo — tanto quando as coisas vão bem, como quando vão mal! Enganam-se os que acham que a ameaça de demissão servirá para as pessoas fazerem mais. Ou melhor, fazem mais pelos concorrentes, que agradecem sua providencial miopia na condução de seus negócios.

E já que estamos falando em atravessar o deserto, não seja você a dizer: entrou areia!

JOSÉ TEOFILO NETO

teofilonetoj@gmail.com

- Empresário e consultor de empresas em Vendas & Atendimento & Relacionamento
- Professor e instrutor em diversas instituições de ensino (ESPM, PUC-Cogeae e SEBRAE)
- Professor do CPDEC–Unicamp, responsável pelo curso de extensão universitária sobre Gestão Operacional de Centrais de Atendimento
- Criação e coordenação das primeiras turmas do inédito curso de Tecnologia em Call Center, para o Instituto de Telemarketing
- Professor do CPDEC Unicamp; ESPM-SP; SEBRAE; PUC-Cogeae; articulista da Revista *VendaMais*
- Gerente técnico & comercial CTBC, TELESP — Grandes Clientes
- Experiência nas áreas: Industrial, Financeira, Varejo e Serviços
- Experiência diferenciada em Vendas Pessoais, Televendas, Call Center, Telecobrança e Negociação
- Conferencista e colaborador da revista *VendaMais*, www.callcenter.inf, www.calltocall.com.br,
  www.abt.org.br
- Coautor do livro *Gigantes das Vendas*, autor do DVD *Telecobrança* e do blog http://blogclientesa.clientesa.com.br/carrapato

Comentários do Autor Heverton Anunciação
SOBRE ESTE ARTIGO

Antes de mais nada, se eu já não estou tão velho, lá pelo ano de 1996, fui convidado para ser um dos alunos da turma de formação (seis meses) em Atendimento ao Cliente por uma das primeiras escolas no Brasil. E quem eram os professores? O caro José Teofilo e o Wellington Longo. Suas aulas abriram tanto a minha visão de negócio que me apaixonei pelo assunto, mesmo antes da moda e o termo CRM se tornarem obrigação dentro das empresas.

Esse artigo do Teofilo faz lembrar uma situação comum que, não somente eu, mas vários consumidores passam. Você já notou que muitas empresas evitam ter uma opção "fale conosco" em seus sites?

Isso mesmo, elas têm medo de nós. Elas querem falar, mas não querem ouvir. Até quando esse monólogo será mantido?

Essas empresas devem se lembrar que o cliente vai perdoá-las, mas desde que não virem as costas para ele.

- **DICA**

  Consulte o link: https://www.youtube.com/watch?v=80dXCx0triA, dez. 2019, e conheça os desafios no Atendimento ao Cliente, Consumidor 3.0, por Nicola Sanchez.

- **CURIOSIDADE**

  Consulte as estratégias de marketing que garantem o sucesso do produto no mercado no link: https://www.sebrae.com.br/sites/PortalSebrae/artigos/artigoshome/estrategias-de-marketing-garantem-o-sucesso-do-produto-no-mercado,b10032736a186410VgnVCM1000003b74010aRCRD, dez. 2019.

- **SUGESTÃO DE LEITURA COMPLEMENTAR**

  Como Mapear Concorrentes Diretos e Indiretos – https://blog.luz.vc/como-fazer/como-mapear-concorrentes-diretos-e-indiretos/, dez. 2019.

  Como Mapear a Concorrência em Qualquer Tipo de Negócio? – https://www.dino.com.br/releases/como-mapear-a-concorrencia-em-qualquer-tipo-de-negocio-dino89097887131, dez. 2019.

  Estratégia de Marketing de Serviços: Vendas das Empresas – https://fieldcontrol.com.br/blog/marketing/estrategia-de-marketing-de-servicos/, dez. 2019.

Engajamento, Experiência do Cliente, Satisfação, Qualidade ... A PREFERÊNCIA!

Quando criança, meus pais tinham um pequeno comércio, uma venda de secos e molhados. Experiência única de se trabalhar em uma época em que se escrevia no saquinho de entrega: "agradecemos a preferência"! A vendinha era familiar, nosso ganha pão. Tratar bem o cliente é sobrevivência e é paixão, respeito, consciência de procurar fazer o melhor porque os dias se seguem e a relação se estabelece através do tempo. Claro que a chegada dos supermercados foi o primeiro grande aprendizado quanto aos custos, os comportamentos dos clientes e a nossa urgente necessidade de estabelecermos ainda mais vínculos. A concorrência nos faz melhores, mas não sem a consciência das condições difíceis da competição.

A minha paixão pelo movimento consumerista começou quando, ainda estudante, tive a oportunidade de trabalhar em uma entidade de defesa do consumidor. Isso foi antes do Código de Defesa do Consumidor, quando ainda lutávamos para ter um telefone e esperávamos 2 anos na fila, e se usava o Código Civil para coibir abusos e também a Lei de Economia Popular. Tempos interessantes. O leite durava até a segunda, terça ou quarta-feira, sem especificar a data de vencimento. Os rótulos e embalagens eram bem pouco informativos, os brinquedos voavam magicamente sem que se precisasse dizer que se tratava de uma fantasia publicitária. A publicidade e os contratos eram unilaterais e podiam camuflar verdades.

O mundo não acabou com o Código de Defesa do Consumidor, como muitos pensaram. Mesmo tendo a inversão do ônus da prova como responsabilidade do fornecedor... E nesse momento, eu segui minha carreira para a área de Serviços ao Cliente em Empresas, coqueluche nos anos 1990. Sim, falar com o consumidor, abrir as portas da empresa para o cliente, ter contato direto com quem consome os produtos, ouvir, representar o cliente dentro da empresa, melhorar produtos, representar a empresa para o cliente, a marca falada, ser *touch*, fazer *recall*, retrabalhar embalagens, publicidade, criar departamentos, processos, trocas de produtos, vendas, retenção de clientes, cobrança, formar pessoas, profissionais com qualificação e competência. Pessoas que, de fato, se importem com a empresa, os produtos, os clientes, os consumidores, os prazos, as soluções, os treinamentos, a comunicação, o planejamento, os relacionamentos. Desafios interessantes e intensos, 24 x 7.

Quanto melhor for o *board* da empresa, considerando mesmo o cliente como o centro da estratégia, melhores serão as soluções encontradas para que os produtos, a venda, o pós-venda, o relacionamento e a experiência do cliente seja duradoura e lucrativa. Não importa muito se a escolha do relacionamento passe por uso de tecnologias interativas, se isso for bem-feito, garantindo uma experiência “feliz” ao cliente, ou seja, que de fato a solução atenda a necessidade dele, o que busca e procura. Relacionar-se com uma solução de tecnologia é bom quando o processo está bem mapeado, garante conveniência e praticidade. Entretanto, se a necessidade do cliente não for compreendida e a solução for uma enorme dificuldade com usabilidade ruim, sinceramente, trata-se de uma tentativa de redução de custo sem a contrapartida de uma solução inteligente e engajadora.

Não consigo pensar o relacionamento com os clientes sem a dupla conexão entre a emoção e a praticidade. E isso pode acontecer no relacionamento pessoal ou digital. O que importa, como já nos disse Jan Carlzon, é não perder a sensibilidade na ponta dos dedos. E isso só pessoas sensíveis e perspicazes são capazes de exercer. Digo isso porque acho o Uber uma solução sensacional, inovadora, emocionante, segura, mas apenas a tecnologia empregada, por mais disruptiva e prática que seja, não substitui a necessidade de compreender que o motorista e a segurança dos passageiros são o seu principal ativo, não apenas a solução digital. E para isso, terá que repensar seus processos, analisar o país que atua, os comportamentos dos clientes e os riscos que algumas mudanças nos processos de pagamento podem fazer no contexto.

Ter sensibilidade envolve engajar equipes para a criatividade de um contínuo processo de inovação. Isso pode estar disseminado nas várias áreas da empresa e penso que seja cada vez mais necessário haver times multidisciplinares trabalhando juntos para criar ou resolver problemas. Sem muitas hierarquias, com liderança e inteligência compartilhadas, por vezes, em locais distantes, horários e línguas diferentes. Times que se formam e se dissipam conforme a expertise.

O *contact center* é uma paixão tantas vezes incompreendida e considerada cara. Em geral, é o principal meio de contato com os clientes, especialmente, as pessoas físicas. Há trabalhos lindos sobre operações sendo desenvolvidos. Há muito desafio em se estruturar um serviço cujas premissas envolvem uma regularidade de tempos de espera, tempos de atendimento, tempos de solução, tratamento de cortesia etc. Essa máquina viva pode ser bem pensada, bem estruturada, com políticas, procedimentos, motivação e *empowerment* com alçadas que garantam a capacidade de solução na linha de frente, sem desguarnecer a empresa quanto aos custos.

Preparar e desenvolver pessoas, ter processos e tecnologia são fundamentais para criar experiências de sucesso. Sempre acreditei que os processos devem garantir a regularidade da entrega e as pessoas precisam ser capazes de criticar e constantemente melhorar ou mudar tudo, quando os processos não mais atenderem aos novos tempos e relacionamentos.

Posso dizer que há muitas estórias lindas de atendimentos ao cliente, aquelas em que o operador consegue, remotamente, acessar a máquina do cliente e ajudá-lo a resolver um problema e o encantamento do cliente em ter esta interação; sim, essa é uma lembrança gostosa de ter. Outra lembrança que me ocorreu agora foi a de um garoto, que hoje tem 29 anos, e que era uma criança quando eu trabalhava na manufatura de Brinquedos Estrela. Na época, junto com minha equipe, tivemos que explicar por que o brinquedo x era tão caro... E o fizemos explicando desde as matérias-primas utilizadas, o processo de criação, o processo fabril, a distribuição, a comercialização, o transporte, os impostos etc, numa visão macro de composição de preço... Claro que tudo isso com uma preocupação especial com a linguagem empregada. Recentemente, esse então cliente mirim encontrou no LinkedIn, o funcionário que escreveu a carta e o agradeceu dizendo que aquela experiência mudou a vida dele. O que desejar mais? Esse tipo de manifestação é inesquecível e nos toca profundamente.

E, no fundo, o que fica de tudo o que fazemos na correria do dia a dia, das pressões e urgências... uma nova forma de criar valor.

Quando penso em algumas dicas de sucesso, o que me vem é:

1. O cliente é o centro do negócio, conheça seu cliente, invista nisso!
2. O investimento no relacionamento com o cliente tem que trazer um retorno de curto e longo prazos, senão não se sustenta.
3. Maximizar resultados de forma inteligente é sempre bom, mas não comprometa a qualidade, cuide dos processos e dos recursos.
4. Clientes engajados são reflexo de soluções e funcionários engajados, porque serviço é experiência convidativa, cuide das equipes.
5. Criar reputação de marca é entender todas as potenciais interações que o cliente pode ter e se posicionar diante disso com comunicações e mensagens integradas. Cuide da imagem e entregue percepção e experiência.

Porque afinal, na verdade, a preferência deveria ser das empresas pelos clientes, sempre!

MYRIAN HELENA NAIME

mynaime@gmail.com

- É executiva em atuação há mais de 20 anos em gestão estratégica de serviços e inovação no relacionamento com clientes B2B e B2C, com foco em excelência e negócios em operações de Contact Centers de médio e grande portes.
- Criou pioneiramente um canal 0800 de pronto atendimento aos órgãos de Defesa do Consumidor, sendo referência no mercado brasileiro.
- Acredita e constrói programas de reconhecimento de equipes e performances e foi premiada como A Executiva do Ano 2011 — Revista *Consumidor Moderno*, em reconhecimento à expertise na liderança de pessoas, processos e tecnologia.
- Ganhou também prêmios de Excelência e Respeito no Relacionamento com Clientes, pelas empresas Credicard, Orbitall e UOL - 2000, 2007, 2008, 2009, 2010, 2012, 2014 e 2015.

Comentários do Autor Heverton Anunciação

SOBRE ESTE ARTIGO

Quando eu conheci a Myrian pude comprovar a existência de "sorriso" no som da voz de uma pessoa. E isso só acontece com gente que gosta de gente.

E foi isso que ela transmitiu no artigo acima e me faz questionar e/ou comprovar o que é necessário, atualmente, para as empresas considerarem em suas fronteiras: os processos devem ficar sensíveis e as pessoas, analíticas.

Todo o resto se torna o meio para proporcionar uma excelente experiência de atendimento aos clientes. Toda a empresa se esforçará com tecnologias, dados, canais e investimentos que serão direcionamentos não somente para o retorno de investimento aos acionistas, mas para a longevidade da relação com os clientes finais.

- **DICA**

Veja o que um guitarrista fez quando a empresa aérea perdeu a sua guitarra: "United Breaks Guitars" – https://www.youtube.com/watch?v=5YGc4zOqozo, dez. 2019.

- **CURIOSIDADE**

Veja como solidificar o relacionamento com clientes, e como engajar e fidelizar o seu público – https://www.youtube.com/watch?v=ZtljPjH2adE, dez. 2019.

- **SUGESTÃO DE LEITURA COMPLEMENTAR**

A Importância do Relacionamento

– https://www.youtube.com/watch?v=hQ3iXn3PyGE, dez. 2019.

Estímulo ao Bom Atendimento

– https://www.clientesa.com.br/online/48854/estimulo-ao-bom-atendimento/ler.aspx, dez. 2019.

De Central de Atendimento a Central de Relacionamento **EM DUAS DÉCADAS**

Iniciei minha carreira em centrais de atendimento em 1996, quando ainda eram utilizados ramais individuais, formulários de preenchimento manual, mainframe e horário restrito de atendimento.

Naquela época, tive a oportunidade de trabalhar com alguns dos melhores gestores de Central de Atendimento que conheci — e não me refiro apenas à Operação, mas também às áreas como Planejamento, Treinamento, RH e Comunicação.

No entanto, sabíamos apenas que deveríamos ter pessoas capacitadas atendendo ao telefone rapidamente e tentando esclarecer alguma dúvida dos clientes. Era o conceito fundamental da "Central de Atendimento".

O que não percebíamos — talvez por sermos parte intrínseca desta transformação — é que estávamos diante de uma revolução do modelo de atendimento: passo a passo, ligação a ligação, os clientes tomariam consciência de seus direitos como consumidores de serviço e exigiriam uma postura mais direcionada a servir em lugar de simplesmente atender.

A apreciação dessa transformação comportamental foi, então, base para uma das primeiras lições que aprendi e que, em paralelo com a pirâmide de

Maslow[1], mostraria que o cliente invariavelmente se apresenta com três necessidades básicas, nesta ordem:

1. "Eu quero ser atendido o mais rápido possível" – não há tempo a perder com músicas ou propagandas. O acesso à Central de Atendimento é a primeira análise que o cliente fará sobre o quanto a empresa se importa com quem está buscando um contato; daí a relevância de indicadores de acesso como nível de serviço, tempo de espera etc.
2. "Eu quero alguém que saiba me explicar" – não adianta apenas atender ao telefone; é imprescindível atender à solicitação plenamente, preferencialmente, sem necessidade de transferências ou novos contatos; vemos a importância dos indicadores de Tratamento da Solicitação tais como *First Call Resolution*[2], *Empowerment*[3] e outros indicadores que refletirão a eficácia do atendimento à necessidade de cada cliente.
3. "Eu quero alguém que me trate bem" – a máxima "não quero falar com robôs" ganha força com a propagação de scripts congelados que atendentes utilizavam aos quatro ventos e que conflitavam com a expectativa do cliente em encontrar alguma simpatia do outro lado da linha. Indicadores de Relacionamento ajudariam a medir comportamentos como empatia.

Algum tempo depois, ainda seguindo a proposta de Maslow, aprendi que uma vez atendidas às necessidades básicas, surgiria uma nova necessidade:

---

1 A hierarquia de necessidades de Maslow ou pirâmide de Maslow é uma divisão hierárquica proposta por Abraham Maslow, em que necessidades de nível mais baixo devem ser satisfeitas antes de necessidades de nível mais alto.

2 *First Call Resolution* é o equivalente a atender a solicitação do cliente na primeira vez que ele entra em contato, sem necessidade de nova ligação ou contato.

3 *Empowerment* é o equivalente a dar poder para o atendente tomar decisões e solucionar problemas sem precisar pedir aprovações de níveis superiores em sua ou em outra área.

4. “Já que fui atendido, fique à vontade para surpreender-me” – abre-se então uma oportunidade de alavancar a rentabilidade do processo permitindo a evolução da Central de Atendimento, antes vista como um centro de despesa e financeiramente um “mal necessário”, para um centro de receita: ao atender às necessidades básicas, conquistava-se o direito de oferecer um novo serviço ou produto que o cliente ainda não possuía e, consequentemente, gerar receita e fidelização.

Observa-se aqui um importante ensinamento de Maslow: a necessidade 4 não existirá sem que antes as necessidades 1 a 3 tenham sido atendidas. Portanto, se era importante aumentar a receita, era antes decisivo cuidar da qualidade do relacionamento.

Os anos passam e a revolução digital surge na velocidade da luz: computadores portáteis, tablets e smartphones dominam e ajudam a organizar a nossa rotina. E não são simples computadores ou telefones: são assistentes eficientes que nos lembram sobre compromissos, pagam contas e esclarecem dúvidas.

A central de relacionamento mantém sua essência — Maslow permanece vivo —, mas adaptações são necessárias: novas necessidades são apresentadas pelos clientes, que exigem um atendimento “em qualquer lugar e a qualquer hora”. Torna-se necessário garantir que o acesso, o tratamento da solicitação e o relacionamento possam permear, em suas várias dimensões, os diferentes canais de contato: e-mail, chat, SMS, redes sociais, canais de autoatendimento etc.

As novas gerações de clientes são aliadas da tecnologia e efetivamente usam-na para atender suas necessidades: nem sempre, portanto, buscarão o contato telefônico e eventualmente esperarão que os canais de autoatendimento tenham adequado nível de eficiência e personalização.

O que se mostra a nossa frente é, talvez, a nova revolução: viveremos uma era em que as questões básicas serão tratadas pelos canais digitais e de autoatendimento. Conhecimento, criatividade, curiosidade e “saber ouvir” serão habilidades fundamentais para os profissionais de atendimento. Também o CRM[4] e as Pesquisas de Experiência darão informações massivas à inevitável evolução. Finalmente, o momento em que o cliente escolher realizar o contato por meio da central de relacionamento será um dos conhecidos momentos da verdade para a empresa. E não haverá uma segunda chance de causar uma primeira boa impressão!

SERGIO CORREA
sergiopcorrea@gmail.com

- Engenheiro de produção formado pela Universidade Federal do Rio de Janeiro, com pós-graduação em Gestão de Negócios pelo Instituto Paulista de Ensino e Pesquisa.
- Em 1996 iniciou sua carreira em Centrais de Atendimento na Credicard, como analista responsável por Planejamento de Capacidade, e liderou diversas áreas como Qualidade, Treinamento, Planejamento, Projetos, Vendas, Operação e *Retention*.
- Atualmente é responsável pela International Customer Experience na área de Contact Center do Citibank.

4 CRM ou *Customer Relationship Management* é um termo usado para mapear o relacionamento com o cliente por meio de um sistema integrado que reúne informações de vários processos e tarefas de uma forma organizada e integrada.

Comentários do Autor Heverton Anunciação
SOBRE ESTE ARTIGO

O Sergio foi muito perfeito em unir as teorias de CRM à pirâmide de Maslow. Isso porque o ser humano, através de sua dopamina, busca compensações e ganhos. De um lado os executivos, do outro lado, os clientes. A área de atendimento deve buscar o equilíbrio dessa balança para que ambos estejam satisfeitos e tenham longevidade, caso contrário, a concorrência que o fizer, ficará com o mercado.

A cultura de algumas empresas que implementaram a rotatividade de cargos, por exemplo, recebem, uma vez por mês, o próprio presidente da empresa para atender e resolver problemas na Central de Atendimento. De posse dessa experiência, é possível compreender o quanto a empresa é ágil ou não para atender as necessidades dos clientes.

- **DICA**

Neste link você pode entender como montar o mapa das dores do Atendimento ao Cliente: "Como ser próximo e eficiente" – https://endeavor.org.br/marketing/mapa-das-dores-de-atendimento-ao-cliente-como-otimizar-o-relacionamento-usando-um-sistema-inteligente/, dez. 2019..

- **CURIOSIDADE**

Encontre o que o maior site de reclamações da América Latina tem a dizer sobre as empresas no "Rankings Reclame Aqui" – https://www.reclameaqui.com.br/ranking/ , dez. 2019.

- **SUGESTÃO DE LEITURA COMPLEMENTAR**

Como Montar uma Central de Atendimento em 10 dias? – https://blog.octadesk.com/monte-uma-central-de-atendimento-ao-cliente/ , dez. 2019.

Tecnologia não é só **EQUIPAMENTOS...**

Quantas vezes temos a melhor e mais cara solução tecnológica e nos frustramos com ela? Como garantir a melhor solução tecnológica para seu negócio a um custo adequado? Quem nunca ouviu uma estória de dificuldades na implantação de um CRM, com custos completamente fora do controle? Ou, ainda, travamentos misteriosos que afetam todo o atendimento sem diagnóstico claro?

Todos sabem da importância da tecnologia nos diversos setores de uma empresa e isto inclui, obviamente, o Atendimento ao Cliente cada vez mais sofisticado e automatizado. Devemos garantir disponibilidade, performance, segurança lógica, integração com parceiros, facilidade de uso, escalabilidade, atualização, e todo o conjunto de variáveis que interagem para atender sua necessidade, isso tudo sem deixar de lado a importância na segurança da informação, seja garantindo que ela não se perca, ou mesmo prevenindo invasões, situações que, caso ocorram, comprometem a credibilidade e, por vezes, a continuidade da empresa.

É muito comum uma equipe de atendimento bem selecionada, com treinamento adequado e processos aderentes, ter sua qualidade comprometida por problemas de tecnologia, seja por rede, servidores, banco de dados ou aplicativos, nos quais travamentos ou lentidão acabam por prejudicar todos os indicadores operacionais, sem que se tenha clareza do que ocorreu.

Darei um conselho que serve não somente para Atendimento aos Clientes, mas vai salvá-lo de muitos problemas ao longo de sua vida profissional: a infraestrutura tecnológica que suportará sua operação tem de ser a melhor possível, que garanta maior disponibilidade e performance, e o sucesso é contar com o apoio de profissionais capacitados, eles fazem a diferença!

Já me deparei com várias empresas que sofreram ou ainda sofrem por problemas em sua infraestrutura. Quando evoluímos no diagnóstico, descobrimos que erros de configuração do ambiente foram responsáveis pela maioria dos transtornos, cuja solução era apenas reconfigurar/ajustar o ambiente, sem grandes investimentos em novas aquisições.

E como conseguir a melhor solução? Não é obrigatório adquirir os equipamentos mais caros, e sim selecionar e adquirir os equipamentos mais indicados para o seu negócio, que deve ser feito sempre com profissionais qualificados para desenhar e implementar a melhor solução para o seu negócio, que pode até mesmo ser em nuvem, própria ou híbrida, onde sua equipe possa aplicar as melhores soluções de forma efetiva e, ainda, monitorar continuamente visando garantir que não se degrade com o tempo.

Devido ao crescimento de ofertas de soluções e aumento de complexidade, você deve sempre contar com o apoio de empresas especializadas para suportar sua equipe para tomada de decisões, seja na escolha de uma solução ou para o diagnóstico de problemas existentes. A aquisição de soluções tecnológicas costuma ter custos elevados, seja de aquisição, manutenção, integração ou, em casos extremos, de troca. Sem mencionar os custos ocultos oriundos de lentidões ou instabilidades.

Escolher a melhor combinação de soluções, apoiado por profissionais competentes vai lhe dar a tranquilidade para cuidar da gestão do Atendimento aos Clientes e outras atividades fundamentais para o sucesso de sua empresa.

Enfim, podemos dizer que tecnologia e pessoas se completam. De nada adianta ter o melhor equipamento do mundo sendo conduzido por uma equipe inexperiente, ou ainda, ter a melhor equipe do mundo operando uma plataforma sem o mínimo de funcionalidades. O equilíbrio desses dois fatores é que proporcionará um ambiente estável e confiável, que será a base fundamental para o crescimento e a estabilidade de sua empresa.

WILSON FERNANDES
wilson.fernandes@istmo.com.br

- Sócio-fundador da Istmo Consultoria, com formação em Análise de Sistemas e MBA Executivo em Gestão de Negócios pelo Ibmec.
- Tem mais de 25 anos de atuação na área de TI em empresa no segmento Financeiro e Call Center.
- Atua como consultor sênior em grandes operações de Contact Center, projetando e implantado operações em grandes EPS e empresas privadas.

Comentários do Autor Heverton Anunciação

SOBRE ESTE ARTIGO

Durante quase duas décadas em projetos de Atendimento ao Cliente, eu posso afirmar o seguinte: Wilson está certo nesse seu maravilhoso artigo.

Já vi empresas com excelentes tecnologias, mas não tinham as pessoas certas.

Já vi empresas com excelentes pessoas, mas não tinham as tecnologias ideais.

Já vi empresas com excelentes tecnologias e excelentes profissionais, mas com processos defasados etc.

Portanto, o cliente percebe quando uma empresa não está se esforçando para melhorar, ou quem sabe, até educá-los na arte do consumo.

Isso porque a maioria dos consumidores também é uma espécie em constante evolução. E cabe a nós, profissionais ou empresas, provocar as evoluções ou seremos engolidos pela evolução dos concorrentes.

- **DICA**

Há vários elementos para um excelente atendimento, e um deles são os sistemas de CRM. Neste link conheça alguns softwares necessários para montar um Call Center – https://www.youtube.com/watch?v=AW9uzFu_Zd0, dez. 2019..

- **CURIOSIDADE**

O primeiro viral do mundo quando um consumidor tentou cancelar sua assinatura de internet na America Online: "Cancel AOL" – https://www.youtube.com/watch?v=xmpDSBAh6RY, dez. 2019.

- **SUGESTÃO DE LEITURA COMPLEMENTAR**

Cálculo de um Call Center – https://www.telesul.com.br/2016/06/02/5-dicas-para-calcular-um-projeto-de-call-center/, dez. 2019.

Como Fazer Dimensionamento de Equipe em Telemarketing? – https://blog.softium.com.br/index.php/como-fazer-dimensionamento-de-equipe-em-telemarketing/, dez. 2019.

Por que o Cliente
SEMPRE QUER MAIS?

Desde quando iniciei minha vida profissional, a relação com clientes sempre esteve presente: no Banco Lar Brasileiro atendia no balcão representantes das empresas-clientes na área de exportação; na General Motors coordenava as pesquisas com consumidores de automóveis; na Telefunken ministrava treinamento dos produtos eletrônicos para os revendedores das lojas.

Mas foi na Credicard — empresa líder no mercado de cartões de crédito nacionais e internacionais, que pude desenvolver com mais profissionalismo o serviço de Atendimento ao Cliente. Entre inúmeros candidatos fui escolhido para supervisionar uma equipe de vendas por telefone que, utilizando aparelhos telefônicos comuns, buscava nas Listas Telefônicas clientes dispostos a preencher proposta para aquisição de cartão de crédito. Era o ano de 1983.

Nos 16 anos trabalhando com esse segmento dentro da Credicard, fui responsável pela implantação do Projeto de EPS (Empresa Prestadora de Serviços) em várias capitais brasileiras. O objetivo desse projeto consistia em prospectar, contratar, criar e treinar empresas para trabalhar com telemarketing, vendendo cartões de crédito e, posteriormente, seguros de vida e acidentes pessoais. Implantei e coordenei também a primeira Central de Vendas por Telefone de produtos importados, com atendentes bilíngues.

A experiência acumulada em todos esses anos têm me mostrado que, para se trabalhar nessa área e colher ótimos resultados, seja por qual meio for (telefone, pessoal, internet), o profissional precisa, antes de qualquer outra característica, trazer em seu perfil a vontade e o prazer de FALAR.

Outras características importantes para o desempenho da função que devem ser consideradas são:

- Ter uma boa dicção, saber articular bem as palavras e evitar gírias, vícios de linguagem e expressões chulas;
- Fazer da leitura de jornais, revistas e bons livros uma excelente ferramenta para melhorar o vocabulário, formar opinião e construir argumentos;
- Participar ativamente dos treinamentos oferecidos, visando aprofundar-se no conhecimento do produto ou serviço que oferecerá/atenderá o cliente;
- Complementar os conhecimentos adquiridos durante os treinamentos, buscando novas informações sobre seus concorrentes;
- O processo de reciclagem também não deve ser relegado. Ele dá oportunidade para o profissional inteirar-se das novidades e se adaptar aos novos tempos.

Atender bem o cliente também requer algumas atitudes que não devem ser negligenciadas, a saber:

- Estar focado na ação desde o início do atendimento até a sua conclusão, para não perder nenhum detalhe que possa auxiliar na argumentação contra possíveis objeções apontadas pelo cliente;
- LEMBRAR SEMPRE que, ao falar com o cliente, você está representando naquele momento a empresa, o produto ou o serviço;
- Manter os ouvidos atentos o tempo todo e permitir que o cliente fale, expondo sua dúvida ou reclamação;
- Não queira ter sempre razão e nunca subestime seu cliente;
- Resista ao máximo às provocações que, porventura, o cliente queira lhe impor. Haverá situações em que ele tentará estressar você, para que perca o controle da situação. Respire fundo e se acalme. Lembre-se: quem levanta a voz perde o controle e perde também a razão.

Por que achamos que o cliente sempre quer mais, parecendo um eterno insatisfeito?

Para responder essa pergunta basta que nos coloquemos no lugar do cliente. Aliás, todos nós desempenhamos o papel de cliente nas mais variadas situações. E o que o cliente espera é simplesmente ser atendido em sua reivindicação e resolver o seu problema, de preferência, logo no primeiro contato.

Por isso, **é preciso saber encantá-lo**.

Termino deixando um recado aos profissionais que exercem a função de supervisão dentro de uma operação. Além das tarefas pertinentes ao cargo, procure conversar com os participantes de sua equipe assuntos que não sejam somente profissionais. Conduza suas avaliações com critério e imparcialidade e procure sempre entender suas necessidades básicas.

Não se esqueça de que, por trás de um profissional, existe um ser humano. O resultado dessa postura será a formação de uma equipe fiel e unida na consecução das metas estabelecidas.

CARLOS UMBERTO ALLEGRETTI

umbertoallegretti1@gmail.com

- Formado em administração de empresas, em 32 anos de relevante atuação nas áreas de Call Center e Negócios, com carreira desenvolvida em empresas de grande porte (Banco Lar Brasileiro, General Motors do Brasil e Telefunken Rádio e Televisão. Atuou na Credicard Administradora de Cartões de Crédito por 16 anos). Atualmente é consultor de Novos Canais e coordenador-geral do Prêmio Best Performance, ambos para o grupo CMS People.
- Responsável pela liderança de equipes de gerentes, supervisores, analistas, representantes, promotores de vendas e executivos de contas.

- Criador e organizador de eventos corporativos e de premiações setoriais.
- Implantou projeto comercial inovador na área da educação e criou novos canais de comercialização.
- Atuou junto a grandes empresas no ramo de seguros, cartões de crédito e instituições financeiras.
- Contato com agências de propaganda para a criação e especificação dos materiais de comunicação dos produtos.
- Elaborou campanhas motivacionais para a manutenção das equipes em constante comprometimento com resultados.
- Desenvolveu e aplicou pesquisas de mercado e treinamentos técnicos, de produtos e capacitação de funcionários.

OUTRAS ATIVIDADES REALIZADAS

- Vice-presidente da Associação Brasileira de Telemarketing.
- Coordenador-geral das sete edições do PrêmioABT e de sete edições do Prêmio Nacional de Telesserviços.
- Apresentador do programa *Tecno XXI* na TV Millennium, canal 16 (TVA).
- Produtor e apresentador do programa *Ponto de Contato* via site pela Just TV.
- Mestre de cerimônia e moderador em vários eventos corporativos;
- Ex-membro de comissões da ABEMD — Associação Brasileira de Marketing Direto.
- Ex-professor universitário da disciplina Introdução à Vivência Empresarial.
- Ex-professor de administração e controle e coordenador da área de administração dos cursos desta área em instituições de ensino médio.
- Chefe de cozinha formado, com serviços prestados tanto para particulares como para o setor corporativo.

Comentários do Autor Heverton Anunciação

SOBRE ESTE ARTIGO

O Umberto é um dos mais ativos profissionais no setor de Atendimento ao Cliente no Brasil. Ele atuou muito e produziu a união da comunidade durante sua presidência na ABT (Associação Brasileira de Telemarketing).

Todos nós temos que admirar "bandeirantes" como o Umberto que mostra que nossa história de Atendimento ao Consumidor ainda é recente e estamos nessa contemporaneidade. Note que as empresas que sobreviveram são aquelas que começaram a ouvir o cliente, com ou sem tecnologia.

Por exemplo, uma vez eu fiz a seguinte pergunta ao presidente da maior empresa de telecomunicações do Brasil:

– A primeira empresa do Brasil a utilizar o SMS (Sistema de Mensagens Torpedo) foi uma empresa alimentícia. Por que as empresas telefônicas nunca gostaram de falar com o cliente, mesmo tendo as tecnologias disponíveis?

A resposta da empresa foi:

– Estávamos focados apenas em lançar a rede e os cabos até a casa do cliente.

Essa preocupação exagerada na técnica fez com que os clientes brasileiros odiassem as companhias de telefone. E para reconquistar esse "amor desgastado" ainda levará muito tempo.

- **DICA**

  As empresas brasileiras podem aprender as melhores práticas junto a associação do setor ABT – http://abt.org.br/, dez. 2019.

- **CURIOSIDADE**

  A frase de que o cliente está sempre certo pode soar perigosa, mas para isso, a empresa deve aprender a entender. Assista a este vídeo: "Cliente não tem razão sempre" – https://www.youtube.com/watch?v=duqSNvhCyYA, dez. 2019..

- **SUGESTÃO DE LEITURA COMPLEMENTAR**

  PrêmioABT é um projeto único de valorização das melhores práticas de relacionamento – http://www.premioabt.com.br/, dez. 2019.

3 Pilares para um **CALL CENTER**

Call Center é um fato. O atendimento de uma empresa passa por essa unidade seja para vender, manter ou simplesmente ouvir seus clientes. A relação com o consumidor exige proximidade, um canal para se relacionar e fidelizar o cliente. Não há espaço para o amadorismo, as evoluções tecnológicas disponibilizam, cada vez com mais agilidade, uma infinidade de oportunidades de atender melhor e de formas diferentes.

Estamos na era digital, mas mesmo com tantos recursos, o atendimento não será resumido na relação entre o consumidor e a automação. Toda essa revolução, bancos de dados e sistemas avançados que reconhecem o histórico do cliente e tentam antecipar o movimento futuro, permitem às empresas serem mais efetivas e ágeis. Mas o cliente não quer repetir suas informações, quer ser reconhecido como indivíduo, quer falar e ser ouvido. Ainda que este diálogo esteja diversificado, precisa continuar individualizado. Essa é a grande sacada, a nova era do atendimento conjuga o binômio CRM + Ser Humano.

Aprendi como agente, usando *headset*, que cada atendimento nos permite fazer a diferença, tem que ser único e pessoal. Essa experiência traz um olhar direcionado para a realidade entre o planejamento e a prática. Mas não estamos mais restritos à ligações… O Call Center mudou! Precisamos ser multicanal. Cada tipo de contato exige um esforço diferente para transmitir segurança, empatia, cortesia, agilidade e solução. Estamos preparados para isso?

As empresas estão adaptando-se a este novo momento. Temos que repensar: perfil de contratação, modelo de treinamento, plataformas e sistemas e inevitavelmente remuneração. E quem é esse profissional multicanal? Para a maioria que passa pelo Call Center, essa vivência é apenas uma experiência profissional no currículo, não é uma carreira. Muitos executivos de Call Center nunca sentaram em uma PA para atender ou ouvir o cliente. Torna-se essencial dar valor a essa profissão. Com entrega, paixão e profissionalismo constrói-se uma carreira sólida.

O Atendimento ao Cliente está em plena transformação, a antiga chamada telefônica está evoluindo para um diálogo ágil e individualizado nas diferentes formas que o cliente quer ser atendido.

Como executiva de Call Center, após 28 anos de experiência, tenho convicção de que todo Call Center precisa ter pelo menos 3 pilares:

- **Pessoas:** sim, pessoas que gostem de pessoas. Independente da área em que elas atuem: atendimento, produtos, TI, ciclo da receita, em operações próprias ou terceirizadas. Pessoas que pensem em processos e procedimentos, pessoas que façam gestão de resultados, mas fundamentalmente capacitem e desenvolvam pessoas. Pessoas que sejam capazes de fazer automações eficazes que entreguem solução para o cliente. Ter as melhores pessoas, cientes da importância do cliente e de que o atendimento começa na elaboração do produto ou serviço.
- **Disciplina:** atendimento é método, regra e fluxos. É preciso ter rotinas estabelecidas que funcionem. O Call Center na maioria das vezes é o 1º emprego para muitos jovens que, às vezes, não foram preparados em casa ou na escola e chegam na empresa sem maturidade para entender os impactos do seu comportamento. Temos que explicar, ensinar e formar. Sem conhecer o universo em que está inserido, não há aderência à disciplina. Sem disciplina não há um bom atendimento.
- **Empatia:** entender a necessidade do cliente é fundamental! Mas, neste momento, refiro-me à empatia necessária ao papel do agente. Se o agente precisa ter disciplina em sua rotina, todas as demais equipes precisam ga-

rantir a melhor estrutura para que isso aconteça. Todos os processos precisam funcionar para que ele possa fazer o mais importante: ser o interlocutor entre a empresa e o consumidor. Ao agente compete fazer o melhor atendimento e, para isso, todas as áreas devem entender as dificuldades de cada contato com o cliente. Quando há trabalho em equipe e em prol do cliente, todos são agentes de atendimento, seja atendendo diretamente o cliente, seja nos bastidores garantindo a retaguarda necessária. Essa equação tem como resultado um cliente mais satisfeito.

A grandiosidade de um Call Center não está nos expressivos números de chamadas e interações, posições de atendimento, sistemas envolvidos, dados transacionados, mas na pluralidade das atividades, na multiplicidade de pessoas e recursos que compõem esse mercado e na capacidade de, em alguns minutos de contato, reforçar o cuidado da empresa com o cliente. O mágico encontro entre o ser humano e a tecnologia.

MÁRCIA POLLARD
pollard.marcia@gmail.com

- Há 6 anos, diretora executiva da BTCC, uma empresa com mais de 14 mil colaboradores.
- Em novembro de 2015 recebeu o Prêmio de Executiva do Ano na 15ª edição do PrêmioABT realizado pela Garrido Marketing, além de conquistar mais de 80 Prêmios para a BTCC, em várias categorias, ao longo de 6 anos.

Experiência

- Iniciou a vida profissional como agente de atendimento, possui 28 anos de experiência na área de Call Center e desses, 22 anos na liderança exercendo essa função nas empresas Amil, Central 24 Horas e Oi.
- Além de trabalhos de consultoria nas empresas: Icatu, CEG (Cia de Gás RJ), Light (Cia de Energia Elétrica RJ) e Sulamed Seguros.
- Formada em administração.

Comentários do Autor Heverton Anunciação
SOBRE ESTE ARTIGO

Neste artigo da conceituada e respeitada Márcia eu pude lembrar de vários casos brasileiros em que encontrei agentes de Call Center que chegaram à presidência de grandes empresas. Sabe por quê? Este setor é assim: “ame-o ou deixe-o”.

Se você escolheu ficar, tornar-se-á um profissional que enxerga a empresa como um todo e um quebra-cabeças maravilhoso, e entenderá mais rápido do que outros perfis quais são os pontos fracos e fortes da empresa.

Logo, esse profissional conhecerá todos os elos dessa corrente que liga o fluxo de processos e informações que trafegam na empresa.

O profissional de Atendimento ao Cliente com essa visão macro e praticando a empatia, vai e poderá chegar longe. E, o mais interessante, sem se empoderar somente por um currículo ostentoso, mas pela sua atitude e comprometimento em ser um abraçador e resolvedor de problemas.

- **DICA**

  Assista a este possível antes e depois de uma política de treinamento ideal. Vídeo treinamento para atendimento – https://www.youtube.com/watch?v=g-OTH2t0KVY, dez. 2019.

- **CURIOSIDADE**

  Como se tornar líder? Márcia Pollard, diretora da Oi/BT Call Center, revela o caminho das pedras neste link – https://voamaria.com.br/tornar-lider-marcia-pollard-diretora-da-oi-bt-call-center-revela-caminho-das-pedras/, dez. 2019.

- **SUGESTÃO DE LEITURA COMPLEMENTAR**

  Call Center – Atitudes para Sempre – Márcia Pollard
  – https://www.youtube.com/watch?v=OCjWHWLY4_k, dez. 2019.

A Governança CIDADÃ

Na evolução do mercado de produtos e serviços o relacionamento das empresas com os consumidores merece especial atenção.

O desenvolvimento de produtos, os cuidados com qualidade, política de marketing e vendas, rede de distribuição, pós-venda, conjugação de serviços, incorporação da tecnologia da informação, internet das coisas são partes de um todo cada vez mais complexo e desafiador que impacta diretamente a relação das empresas com seus consumidores.

Alcançamos patamares nunca imaginados, o acesso à informação e a consequente comunicação devem estimular a geração de relacionamento com os consumidores, entretanto, temos constatado que esse relacionamento não tem sido muito amigável.

As reclamações no pós-venda de produtos e serviços têm aumentado. A judicialização das relações de consumo é um fato. Milhões de ações judiciais estão no Poder Judiciário e outras tantas nos Procons inviabilizando princípios que defendemos na elaboração do Código de Defesa do Consumidor, especialmente os que apontam para o desenvolvimento de mecanismos alternativos de solução de conflitos. A ideia era que as empresas seriam as protagonistas na relação com seus consumidores e não fossem transferir essa responsabilidade para o poder público.

Esta realidade demonstra que devemos investir na prevenção. Os consumidores não estão satisfeitos. Ao procurarem a solução de problemas para pagamento de contas, corte de fornecimento, defeitos de produtos, falta de informações ou cobrança indevida, o ritual de fazer o contato com as empresas transforma-se em um calvário, causando, inclusive, distúrbios físicos (irritação, aumento da pressão arterial e da adrenalina).

Em verdade, juntamente com o constante aprimoramento dos canais de atendimento, deve ser ampliado esse espaço de relacionamento. Temos constatado que as Ouvidorias assumem um espaço cada vez mais importante nessa aproximação com os consumidores, desde que respeite os princípios que, há mais de vinte anos, a Associação Brasileira de Ouvidores/Ombudsman formulou: independência e autonomia para exercer a representação dos legítimos interesses dos consumidores, atuando dentro das empresas.

Ao avaliar com autonomia os fatos que compõem as demandas apresentadas e independência para sugerir o entender necessário para buscar uma solução, a Ouvidoria, com respaldo da alta direção, favorece a compreensão das questões mais conflitantes e pode fortalecer a superação de práticas errôneas, viabilizando o alcance de outro patamar de relacionamento: a convivência.

Convivência, mais que relacionamento, pois permite aos consumidores desenvolver um grau de confiança que toda a organização aspira: a consciência de que, quando precisar, terá um canal de acesso à instituição, com credibilidade para identificar a questão que não teve uma solução mais rápida e apresentar caminhos para a superação dos eventuais entraves que surgem com a compra de produtos e/ou serviços. Assim, o consumidor preservará a opção feita e manterá esse vínculo, criando o espaço qualificado de relacionamento, a convivência com fidelidade.

Seria esse o sonho das organizações, porém, sabemos que esse ideal, como aliás, todo o ideal não é fácil de conquistar, é necessário um grande esforço para mudar paradigmas e até a cultura empresarial.

Tenho defendido há alguns anos que devemos inserir as questões que envolvem os consumidores na governança das instituições. Se, para superar uma crise de credibilidade que afetou a confiança dos acionistas foi estimulada uma nova concepção corporativa, por que não fazer o mesmo quando se constata o acirramento das demandas consumeristas?

A credibilidade das empresas no esforço em atender demandas está afetada. A percepção é que cresce o desrespeito. Existem marcas que afastam compradores, pois o pós-venda é tido como ineficaz. Essas constatações, por parte dos executivos, dirigentes das empresas, não são fáceis de aceitar, mas merecem uma profunda reflexão. Especialmente quando temos o comércio pela internet aproximando ofertas e distanciando as pessoas.

O desafio é estimular o que chamo de "governança cidadã".

Aprendendo com os conceitos da governança corporativa entendo que devemos elevar as questões que envolvem os consumidores para avaliação da alta administração, nesse contexto, os relatórios da Ouvidoria são preciosos para a compreensão dessas demandas e a busca de soluções, servindo como instrumento de gestão.

Nada como a exata compreensão dos desafios para encontrar soluções, muitas vezes, simples. Ouvidor(a) não tem poder de decisão, mas sim de persuasão, fundada nas avaliações feitas do que lhe é dirigido e apresentando propostas, que devem ser avaliadas, pela direção, para decisão. Esses relatos aproximam a alta direção dos fatos que podem estar impactando resultados e que nascem do atendimento ou da falta de entendimento do que o consumidor necessita.

Esta aproximação é almejada por qualquer gestor responsável com a perenidade da empresa, envolve questões éticas e aspectos da eficiência e eficácia das organizações.

A governança tem como foco os chamados *stakeholders*. Ampliando esse conceito devemos inserir os interesses dos consumidores que geram os lucros almejados e necessários para a sobrevivência e crescimento empresarial. Assim, ampliando o entendimento de governança, devemos entendê-la como cidadã, fortalecendo todos os elos que suportam a própria existência das instituições.

EDSON VISMONA

vismona@etco.org.br

- Advogado, fundador e presidente da Associação Brasileira de Ouvidores/ Ombudsman.
- É também presidente do Instituto Brasileiro de Ética Concorrencial – ETCO.
- Foi secretário da Justiça e da Defesa da Cidadania do Estado de São Paulo (2000/2002).

Comentários do Autor Heverton Anunciação

SOBRE ESTE ARTIGO

Excelente o artigo do Edson. Você se lembra de alguma grande maratona? A organização contrata alguns “coelhos”. O que é isso? São como uns corredores profissionais que não podem ganhar a corrida, mas servem para puxar e manter o ritmo da corrida, e, na hora certa, eles saem e deixam os demais corredores atuarem.

De forma educada, muitas empresas estavam acostumadas ao ritmo lento. Sem “coelhos internos” que fizessem as demais áreas correrem ou resolverem problemas dos clientes de forma eficaz.

Graças aos deuses surgiram os ouvidores. Eles estão muito bem atuando como os “coelhos corporativos” fazendo as empresas acordarem, reverem processos para achar o caminho mais curto, e assim chegar ao coração e à mente dos clientes.

- **DICA**

  Assista a esta entrevista da TV UNIGRANDE com o Edson Luiz Vismona – Palestra: “Ouvidorias: uma visão empreendedora.” – https://www.youtube.com/watch?v=RxlXfQ1hso0, dez. 2019.

- **CURIOSIDADE**

  Neste link você entenderá os “Passos para Implantação de uma Ouvidoria” – http://www.omd.com.br/blog/passos-para-implantacao-uma-ouvidoria/, dez. 2019.

- **SUGESTÃO DE LEITURA COMPLEMENTAR**

  Manual de Boas Práticas Ouvidorias Brasil – http://abrarec.com.br/wp-content/uploads/2015/07/Vs_pb.pdf, dez. 2019.

  Em que Posso Ajudá-lo? – http://revistapegn.globo.com/Empresasenegocios/0,19125, ERA1677023-2992,00.html, dez. 2019.

Compartilhando a jornada **DO CLIENTE...**

Ao longo desses anos de trabalho na área de relacionamento com consumidores, uma das coisas que mais me impressiona é a forma como algumas empresas ainda enxergam suas áreas de SAC. A começar pelo nome que as intitula: "Serviço de Atendimento ao Consumidor". Muito embora o discurso seja sempre de que o consumidor é o centro do trabalho etc., é comum identificarmos que os primeiros cortes de orçamento ocorrem nessa área. E não que eu seja contra a tecnologia que proporciona melhorias e otimização dos recursos, mas desde que isso seja feito realmente em prol do consumidor. Sendo "ele, o consumidor" o mais importante, o custo não deveria ser a prioridade na escolha de um serviço e de um sistema. Mas não posso deixar de dizer que muitas vezes os responsáveis por algumas situações citadas aqui, de alguma forma, sejam os próprios gestores destas áreas, que, muitas vezes, são colocados para "tapar um buraco", ou que estão ali pensando em um trampolim para crescimento. Tornar-se gestor de relacionamento não deve ser uma passagem, e sim o fim de onde se espera e deseja profundamente estar. Ter a missão e a visão do que se almeja é essencial; esse profissional deve ser apaixonado pelo consumidor. Afinal, servir é doar-se e toda forma de doação sempre será recompensada.

Neste sentido, um líder de relacionamento deve inspirar a empresa a ter a visão de que a área que gerencia é uma das mais importantes, pois tem o poder de estimular o cliente à recompra e fidelizá-lo, ou demitir a todos. As áreas envolvidas precisam ser sensibilizadas nos processos de comunicação e gestão dos canais. Mas como fazer isso? Primeiro deixando o ego de lado, pois estamos todos no mesmo barco e com um único objetivo: encantar o cliente, estimulá-lo a falar bem da marca e, mais ainda, estimular outros a fazê-lo também. Segundo, criando processos que viabilizem reportes unificados e simplificados, mas que possam dar visibilidade às áreas envolvidas para melhoria contínua, tratamento de causas raiz *lean six sigma*. Esperar que a área perceba o problema por si só é um grande erro. Este é o papel da área de relacionamento.

Além do mais, o papel desse gestor é mostrar que a área de relacionamento é uma área de investimento no consumidor. Evidenciar que o conceito mudou, e que de vendedores passamos a servir. Desta forma, independentemente do produto que estamos vendendo, é necessário considerar a jornada desse cliente com a marca, desde o momento que ele foi impulsionado a admirá-la com a propaganda ou a comunicação, até o pós-venda. Pois o melhor produto do mundo não se sustentará a longo prazo, se ao procurar resolver um problema o consumidor for mal atendido, desrespeitado ou ignorado.

Neste sentido, algumas reflexões são necessárias: se apenas 10% dos consumidores possuem telefone fixo, por que o SAC das empresas ainda não atende celular? Por que os menores salários do mercado ainda são dados a esses profissionais? Por que o investimento em tecnologia é tão distante da realidade? Por que os processos não são desenhados a partir da visão do cliente? E acredite, não adianta culpar apenas o atendente, que muitas vezes escolhe a profissão, assim como o próprio gestor citado acima, para pular para outra área da empresa, ou enquanto termina um projeto, estudo, curso. Mas com o cenário acima, será que há motivação para esse atendente ficar, estabelecer raízes?

Outro grande vilão nas operações de SAC é a terceirização sem conversão e coparceria, visto que algumas empresas terceirizam para se livrar do cliente e raramente voltam para escutar as operações. Da mesma forma, há empresas ruins, mas baratas e que deveriam ser descartadas para que essa realidade não aconteça, pois uma empresa de outsourcing que se propõe a atender a marca de uma empresa, também precisa estabelecer premissas mínimas que não deponham contra elas mesmas. Diria com toda minha experiência, que gestão de outsourcing sem o olhar do dono é ingerência.

Agora, falando de sistemas de informação, é preciso investir em tecnologia que otimize recursos e simplifique os canais de atendimento, integrando-os. Da mesma forma, apostar em *autosserviço* e *autoatendimento* viabilizará atender de forma prioritária nos canais humanizados quando da necessidade real deles, mas com maior seniorização.

Ouvimos muito falar nos últimos 4 anos sobre o novo consumidor 2.0, 3.0 em grandes eventos, congressos e workshops. Falamos em como atendê-lo, em olhar a ponta antes de gerar inovação com a metodologia de design thinking, respeitando a jornada do cliente com as marcas e serviços. Porém, ao visitarmos grandes empresas, essas que hoje são premiadas por grandes institutos de pesquisas, deparamo-nos com o mesmo SAC de 10 anos atrás, com as mesmas tecnologias defasadas e desintegradas, com os mesmos erros de gestão do passado.

Ocorre que os *millennials* já estão comprando e esse consumidor citado em congressos como o "novo consumidor" já não é mais novo, e precisamos agir, pois ele não terá paciência de esperar abrirmos nosso canal para falar no celular. Este consumidor procurará as redes sociais para falar mal de nós, ou algo ainda muito pior, ele não comprará mais e ainda incentivará outros a fazê-lo também.

O primeiro ponto para agirmos será gerirmos os canais de forma integrada com um CRM omnichannel, pois nós nos tornamos reféns do processo quando o consumidor percebe que atendemos mais rápido e melhor nas redes sociais, e nos canais de reclamação, por exemplo: Reclame Aqui (o mais famoso e com maior repercussão e credibilidade pelos consumidores), Reclamão, Consumidor.gov (canal que o governo federal criou para combater a força do Reclame Aqui. Bom, após 2 anos do lançamento, isso ainda não ocorreu☺) etc. Fazendo um adendo ao Reclame Aqui, o site continua com tudo e crescendo ano após ano, e não é por menos, pois o canal funciona, já que nenhuma empresa, ao menos as que se preocupam com os seus consumidores, quer ter uma reputação ruim no canal, visto que 90% de quem acessa o site é para consultar a reputação das empresas antes de comprar. E a culpa disso tudo não é de quem criou o canal, mas sim das empresas que não foram capazes de gerir seus problemas internos dando a um grande empreendedor, a chance de fazê-lo. Da mesma forma, eu não acredito que o canal 0800 será extinto para sempre, mas teremos ampliação de outros canais e nesse momento temos que estar preparados e encarar que os canais e redes sociais tendem a aumentar a cada ano. Então, como as empresas preocupadas com seus consumidores devem fazer:

- Investir em multicanalidade, conceito de estar onde o consumidor deseja se comunicar;
- Proporcionar tecnologia à mão do consumidor;
- Transparência nas relações e comunicação com esse consumidor, sem mensagens padrões, mas com uma linguagem transparente e eficiente;
- Os jurídicos precisam estar alinhados com o novo formato de trabalho e descomplicar os processos;
- Melhorias em sistemas – Omnichannel, para a visão 360º deste cliente;
- Desenho de processos para a mesma comunicação multicanal;
- Investir nas pessoas, sensibilizá-las e acompanhá-las para que possam ter um plano de carreira e se motivem a continuar na área, construindo suas histórias por lá;

Boa jornada a todos nós...

SIMONE JANINA FETT VIDAL

simonejaninaf@gmail.com

- Formada em Letras pela faculdade Santa Cruz do PR e pós-graduada em Comunicação e Marketing pela Fae Business School.
- Possui 17 anos de experiência em relacionamento com consumidores, em empresas multinacionais e de grande porte, responsável por startup de operações, inclusive Mercosul, sempre com foco em melhorias de processos e investimento em tecnologia que proporcionem engajamento e fidelidade dos consumidores com as marcas e serviços. Assim, auxiliando as empresas nas quais trabalhou na busca pela satisfação que, por vezes, foram premiadas por institutos de renome, tais como: *Época, Reclame Aqui, IBRC, Consumidor Moderno.*
- Há 3 anos é vice-presidente do Comitê de *Consumer Experience* da ABA – Associação Brasileira de Anunciantes na busca incessante em trazer visibilidade à área de relacionamento com consumidores nas empresas com marketing para transformar.

Comentários do Autor Heverton Anunciação

SOBRE ESTE ARTIGO

Este artigo maravilhoso da Simone fez-me lembrar da importância do perfil de liderança de uma linha de frente do Atendimento ao Cliente.

Este profissional, sempre fazendo milagres, quando as demais áreas da empresa não liberam para eles os recursos ou meios de atenderem as demandas dos clientes ou do seu time. Em alguns momentos, é amado ou odiado, pois como um ouvidor, ele também pressiona a empresa a acelerar os passos rumo à eficácia e à eficiência ao oferecer uma experiência excepcional aos clientes finais.

Na cabeça desse profissional há tantos indicadores e números, e, como uma bola de cristal, quem souber perguntar sobre passado, presente ou futuro, poderá ouvir coisas boas ou ruins. Esteja pronto.

- **DICA**

Um cliente percorre alguns caminhos para chegar até uma empresa. Neste link, veja "As 4 Fases da Jornada do Cliente" – Universidade do Empreendedor – https://www.youtube.com/watch?v=9LFY8vME5VA, dez. 2019.

- **CURIOSIDADE**

Neste link você verá como mapear "A Jornada do Cliente" – https://www.youtube.com/watch?v=ZQR8ywSC7W0, dez. 2019.

- **SUGESTÃO DE LEITURA COMPLEMENTAR**

Como Você Trata a Experiência do Cliente? – https://www.youtube.com/watch?v=mbpdLJPg7ns , dez. 2019.

CONAREC 2017 – JORNADA DO CLIENTE – MODO DE USAR, DE FAZER E DE AVALIAR – https://www.youtube.com/watch?v=ut2D--W2D2c, dez. 2019.

Faça o que você **FAZ TÃO BEM**

A preocupação das organizações com Atendimento aos Clientes não é assunto novo. As abordagens contemporâneas datam dos anos 1950. Nessa época, alguns estudiosos como Feigenbaum, Deming, Crosby e Ishikawa desenvolveram conceitos que são, até hoje, empregados nas organizações. Foi nessa época também, que qualidade deixou de ser um problema exclusivamente da produção, e passou a fazer parte da concepção do produto ou serviço, enfim envolvendo a empresa como um todo.

Neste artigo, não tenho a pretensão de versar sobre os aspectos teóricos da Qualidade. Os leitores, com certeza, encontrariam textos mais completos nas diversas bibliografias existentes facilmente encontradas no mercado editorial.

Pretendo apresentar duas experiências eminentemente práticas que tive em minha trajetória profissional que podem trazer bons *insights* ou gerar reflexões para o leitor da importância de se pensar no cliente. Além dos efeitos positivos para organização, trouxe para mim, protagonista dessas iniciativas, crescimento profissional e pessoal.

O primeiro case prático vivenciei bem no início de minha trajetória profissional. Propositadamente escolhi esse case, pois evidencia que “fazer pelo cliente” não precisa esperar que tenhamos uma posição gerencial ou mesmo uma carreira consolidada. Uma boa ideia pode trazer impacto incrível. Exemplifica, também, que o Atendimento aos Clientes é uma atividade não somente da produção ou da área de Qualidade, mas que começa muito antes, na concepção do produto e serviço em suas etapas iniciais.

Na época, como estagiário de empresa multinacional alemã, em meu último ano do curso de Engenharia, realizei um trabalho prático sobre *Value Analysis*. O trabalho realizado partia da análise de um produto em produção (no caso, motor do limpador de para-brisa) e comparava detalhadamente cada uma das partes (ou peças) desse produto com o valor percebido pelo cliente. O objetivo era avaliar aquelas com maior gap, ou seja, que tinham custo maior que o valor percebido pelo cliente. Essas eram foco de avaliação detalhada, pois representavam ao cliente um custo superior a seu valor percebido.

A iniciativa proporcionou a otimização do produto e teve tanto sucesso que foi levada do Brasil à matriz, sendo o programa implementado globalmente. Representou meu passaporte para efetivação na empresa em meu início de carreira.

O segundo case a ser apresentado não é mais na indústria, e sim no segmento financeiro. Apresenta como cenário uma empresa que crescia, nos últimos três anos, em taxas superiores a 10% ao ano. Como qualquer empresa que cresce nesse patamar, algo fica para trás. Esse crescimento todo vinha impactando de forma sensível seus processos e serviços. Os clientes, percebendo isso, geravam frequentes reclamações nos diversos canais de atendimento. Especificamente, o processo de aprovação de crédito, processo muito crítico na empresa, chegava a levar 40 dias, um completo caos.

A meta era atender o cliente bem melhor e reduzir o tempo de aprovação de crédito em 10 vezes. Para complicar um pouco mais o cenário, essa iniciativa já havia sido tentada antes, sem sucesso. De forma que o time de trabalho se apresentava conformado com o processo atual e cético quanto a qualquer iniciativa de mudança. E eu, recém-nomeado gerente responsável pelo projeto, não tinha experiência no mercado financeiro. A sensação era que tinha me metido em uma enrascada.

Passada a fase do pânico, procurei inicialmente assegurar apoio dos principais *stackholders*, visto que não se tratava de melhoria contínua do processo, mas mudança de patamar na prestação de serviço aos clientes. Percebi o quanto isso foi importante, pois em projetos como esses, o apoio da diretoria sênior é fator crítico de sucesso, em especial, quando algo não dá certo e precisamos de suporte. Obtido apoio, definimos o time multidisciplinar de trabalho, assegurando que tivéssemos pessoas que efetivamente conhecessem o processo, aqueles que participavam de ponta a ponta do processo. A opção de ter no grupo gerentes poderia ter sido feita, mas eles não teriam o conhecimento dos detalhes que depois se mostraram críticos para produzir as mudanças necessárias.

Indicadores de performance para avaliação do processo foram, na sequência, definidos. Essa etapa se mostrou também muito importante, pois serviu para assegurar acompanhamento do projeto. Quando as mudanças davam certo, o reflexo nos indicadores era imediato, quando as alterações não proporcionavam ganhos de performance, os indicadores permaneciam estáveis ou se deterioravam e rapidamente revertíamos o que havíamos feito.

Detalhamos, a seguir, o processo atual, mapeando cada uma de suas etapas e listando todos os problemas e deficiências dele. Decidimos conjuntamente no time de trabalho, que precisávamos de algo totalmente novo e para isso era necessário que nos desvinculássemos do processo atual e trabalhássemos, efetivamente como um time e não mais como representantes de cada uma das áreas. Derrubar os silos e os castelinhos construídos pelas organizações não foi tarefa fácil, o time de RH nos apoiou bastante nessa etapa.

Finalmente, desenhamos um processo novo — totalmente diferente e inovador. Eliminamos uma a uma as deficiências listadas no desenho anterior. As atividades que não agregavam valor foram eliminadas, a sequência das tarefas também foi revista. O reflexo foi imediato, reduzimos *o cycle time* para 2 dias, com reflexos positivos não só na experiência do cliente, mas nos resultados financeiros da empresa. O resultado foi amplamente comemorado pelo time e reconhecido pela organização.

Para finalizar, gostaria de deixar uma última mensagem aos leitores que pretendem fazer diferença no atendimento a clientes. Uma frase de Walt Disney: “Faça o que você faz tão bem, que as pessoas vão querer vê-lo novamente, e vão trazer seus amigos.”

EDUARDO HIRSCHHEIMER

eh@ig.com.br

- Atuou como diretor de Planejamento da Orbitall, superintendente na Credicard, superintendente de Processos e Customer Experience no Citibank

Comentários do Autor Heverton Anunciação

SOBRE ESTE ARTIGO

Há empresas brasileiras que respeitam a sabedoria conquistada pelas suas áreas de Atendimento ao Cliente, enquanto outras, não.

Por exemplo, uma das maiores seguradoras do Brasil, antes de lançar um novo produto ou serviço, envia todo o conceito e contrato do produto para que os profissionais da Central de Atendimento avaliem o novo produto.

É que os atendentes da central se colocam na visão do cliente e identificam previamente o que os clientes pensarão sobre o uso desse novo produto.

De posse dos comentários, essa mesma seguradora ajusta e melhora o produto que havia sido pensado apenas pela área de inovação e/ou marketing.

- **DICA**

Neste link você pode encontrar um resumo de procedimentos para alcançar a excelência no atendimento de qualidade. Leia "11 dicas para atender bem" – https://www.sebrae.com.br/sites/PortalSebrae/artigos/artigoshome/15-dicas-para-atender-bem,e565438af1c92410VgnVCM100000b272010aRCRD, dez. 2019.

- **CURIOSIDADE**

Identificamos 3 péssimos exemplos e 3 lições aprendidas de como atender bem o cliente. Leia neste artigo "3 Bad Customer Service Examples & 3 Lessons for How to Recover (Because They Did)" – https://www.groovehq.com/blog/bad-customer-service, dez. 2019.

- **SUGESTÃO DE LEITURA COMPLEMENTAR**

12 Coisas que Seu Cliente Espera de Você, mas Nunca Contou – https://tudodeshare.com.br/blog/cliente/, dez. 2019.

10 Maneiras de Encantar o Cliente – https://revistapegn.globo.com/Franquias/noticia/2014/02/10-maneiras-de-encantar-o-cliente.html, dez. 2019.

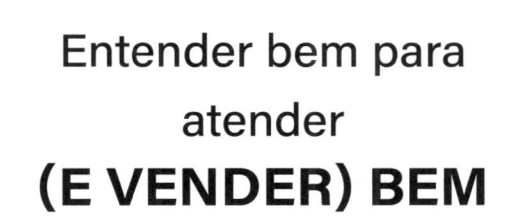

Entender bem para atender (E VENDER) BEM

Quando você vai a um médico, sua expectativa é de que ele ACHE que sabe qual é a melhor solução para o seu problema ou que ele tenha CERTEZA do que está recomendando? Se você se preocupa com sua saúde e bem-estar, obviamente, espera que ele tenha certeza, afinal, trata-se da sua vida!

Em vendas é muito parecido. Cada vez mais nossos clientes também esperam que tenhamos certeza de que a solução que estamos oferecendo é a melhor para eles. E, tanto em vendas como na medicina, o diagnóstico correto é fundamental para fazer a melhor recomendação. A origem da palavra diagnóstico vem da expressão grega *gnosis*, que significa conhecimento. Vendedores de alta performance são especialistas em fazer diagnósticos que ajudam a recomendar soluções que realmente auxiliam os clientes a tomarem melhores decisões em suas vidas!

A busca das informações

Para chegar ao diagnóstico correto, nós precisamos conhecer profundamente nossos clientes, sua situação e necessidades. Essas descobertas acontecem na fase do levantamento de necessidades dentro do processo da venda.

Lembre-se de que a venda é um processo com 8 etapas:

1. **Preparação e planejamento.** Nos preparamos com os conhecimentos fundamentais em vendas e nos planejamos para atender os clientes.
2. **Prospecção.** O momento de buscar os novos negócios.
3. **Abordagem.** O primeiro contato, no qual quebramos o gelo e entramos em sintonia com os clientes.
4. **Levantamento de necessidades.** Fase em que o vendedor faz perguntas para entender melhor como ajudar o cliente.
5. **Proposta de valor.** Hora de apresentar a proposta de acordo com as necessidades levantadas.
6. **Negociação.** Momento de negociar preço, prazo e entrega, utilizando tudo que descobrimos na fase anterior e reforçando os benefícios importantes.
7. **Fechamento.** O vendedor deverá prestar atenção aos sinais dos clientes e usar técnicas para concretizar a venda. Note que se fizermos tudo corretamente até aqui, é muito provável que o fechamento aconteça de maneira natural.
8. **Pós-venda.** A continuidade do relacionamento após a venda, trabalhando pela satisfação dos clientes e buscando oportunidades de novas vendas.

Na saúde, essa fase é chamada de exame clínico, na qual os médicos devem prestar muita atenção aos sinais, sintomas e quadro geral do paciente. O objetivo do exame clínico é a coleta de dados que constituirão a base do diagnóstico. O exame clínico divide-se em exame físico/objetivo e anamnese/exame subjetivo. A fase da anamnese tem muito a ver com o nosso trabalho em vendas.

Do grego, *anamnésis* significa recordação, reminiscência e indica tudo o que se refere à manifestação dos sintomas da doença.

Durante a anamnese é importante que o profissional siga as seguintes recomendações:

1. Diálogo franco entre examinador e paciente;
2. Disposição para ouvir, deixando o paciente falar à vontade, interrompendo-o o mínimo possível, quando ele estiver falando;
3. Demonstrar interesse não só pelos problemas do paciente, mas por ele, como pessoa;
4. Possuir conhecimento científico, controle emocional, dignidade, bondade, afabilidade e boas maneiras, a fim de obter um relato completo para chegar a um diagnóstico.

Percebeu semelhanças com nosso dia a dia em vendas? Se substituirmos o conhecimento científico por conhecimentos fundamentais em vendas, esses itens têm tudo a ver com a profissão de vendas.

Segundo o Dr. Sigisfredo Brenelli, os trabalhos mostram que o diagnóstico baseado na boa comunicação com o paciente, com a anamnese, e os demais exames, é bastante efetivo e de menor custo e sofrimento para os pacientes, porém nem sempre os pacientes dão todas as informações necessárias.

"É comum a queixa do paciente não ser referente a algum agravo muito mais grave que está apresentando. Por exemplo, ele pode se referir à dificuldade para dormir, que está emagrecendo, porém pode estar apresentando um distúrbio da função digestiva por estar com grave problema estomacal." Na maioria das vezes, os médicos precisam trabalhar de maneira mais ativa para investigar melhor a situação.

Em vendas é muito parecido, pois podemos ter clientes que já chegam dizendo o que precisam, alguns que têm mais dificuldade para falar e outros que falam, mas de verdade não sabem exatamente o que precisam. E aí entra em cena o vendedor, que deve ter a capacidade de descobrir realmente o que o cliente precisa. Aqui precisamos fazer uma pausa: não tente adivinhar o que o cliente quer/necessita, pois é grande a chance de você errar, fazer uma proposta errada e perder a venda.

Então, qual é o jeito correto de fazer isso? Fazendo perguntas objetivas e inteligentes. Durante muito tempo, a *VendaMais* estudou essa fase da venda e depois de acompanhar de perto o dia a dia de vendas, concluímos que existe um checklist que deve ser seguido pelos vendedores para levantar corretamente as necessidades dos clientes.

Organizei esse checklist e o chamei de SEPAPIAG. O nome vem da sigla dos itens a serem descobertos para fazer um diagnóstico correto e aumentar as chances de vender, afinal, fazer as perguntas certas, sem dúvida é o caminho mais rápido para mais vendas.

SEPAPIAG

Situação do cliente – Nesse item você deve descobrir exatamente qual é o momento pelo qual o cliente está passando, seja pessoa física ou jurídica. O que está acontecendo na vida dessa pessoa ou empresa. Raúl Candeloro explica que vender é um processo de gestão de mudanças. "O cliente está num estado atual e, através da aquisição do seu produto/serviço, quer alcançar um estado desejado. O vendedor precisa entender qual é esse estado atual", explica. Perguntas como: Qual é o momento atual de sua empresa? Ou como foi o ano de 2013? São exemplos a serem usados nesse item.

Expectativas do cliente – Aqui é hora de você entender o estado desejado pelo cliente, ou seja, onde ele espera chegar com a aquisição do produto/serviço a ser comprado, quais resultados deseja obter; o que ele espera de você, sua empresa e cliente. Você pode perguntar, por exemplo: Quais são suas expectativas ao adquirir nosso produto/serviço?

Problemas que ele/ela está tentando resolver (ou evitar) – Em geral, uma compra visa atender uma necessidade ou desejo do cliente. Então, nesse momento, você deve fazer perguntas para descobrir o que está incomodando de verdade, ou pode vir a incomodar o seu cliente? É comum perguntarmos coisas como: O que essa situação está causando? Que tipo de problema vem tendo em função disso?

Aprofundamento – Ao procurar conhecer os problemas/necessidades do cliente, você descobrirá situações mais importantes e urgentes a serem resolvidos. Então, aprofunde-se nessa conversa para entender melhor sobre o problema, e de verdade, como ele está realmente impactando a vida do seu cliente. Você pode e deve se aprofundar nas consequências, perguntando, por exemplo, como esse problema está prejudicando a vida/empresa do cliente. Também é hora de se aprofundar nas expectativas para confirmar se você entendeu claramente o que o cliente espera das suas soluções.

Preocupações – Como falamos há pouco, vender é um processo de gestão de mudanças, no qual o cliente passará de um estado atual para o estado desejado através da aquisição do seu produto/serviço. Como acontece em qualquer processo de mudança, há dúvidas, questionamentos e insegurança. Nesse caso, pode ser relação ao processo de compra, produto/serviço/confiança no vendedor e ou na empresa. É função do vendedor descobrir quais são as preocupações do cliente através de perguntas e observações para trabalhar de maneira a responder/clarificar essas dúvidas que pairam na mente do cliente para aumentar a chance de fechar a venda.

Irritadores – Vendedores lentos ou rápidos demais, processos de compra complicados e até mesmo o excesso de simpatia podem ser coisas que irritam determinados clientes. É sua função descobrir o que cada um de seus compradores não gostam e tentam evitar. Para isso, é necessário procurar conhecer ao máximo seus clientes, pois os irritadores têm muito a ver com o perfil de cada um. Na *VendaMais*, explicamos sempre que, em geral, as pessoas podem ter quatro perfis diferentes: pragmáticos, que são pessoas rápidas e racionais; analíticos, que são os racionais, porém lentos; afáveis, que também são lentos, mas são emocionais; e os expressivos, que são emocionais, porém rápidos. Se você demorar muito para chegar ao ponto da conversa com um pragmático, tenha certeza de que o irritará muito. Se você não for detalhista com o analítico, ele não confiará em você e evitará comprar suas soluções. Já os afáveis querem toda a atenção possível, do contrário podem ficar irritados. E os expressivos querem relacionamento. Esses são rápidos exemplos de como você pode irritar seu cliente e perder não só uma venda, mas um comprador para sempre.

Alternativas que o cliente pode analisar – Não pense que você é sempre a única opção de seus clientes, pelo contrário, eles podem considerar várias possibilidades, desde comprar com outros fornecedores e até mesmo não comprar com ninguém. E você precisa descobrir essas informações para fazer sua estratégia de venda. Levante questões como, se quais opções você/sua empresa têm no momento para resolver essa questão/atender a essa necessidade/realizar esse desejo?

Ganhos/benefícios que ele/ela terá ao comprar de você – Nas perguntas de aprofundamento, você levou o cliente a pensar nas consequências que o cliente tem em função do problema/necessidade. Agora é hora de ajudá-lo a pensar no outro ponto, os ganhos. Faça perguntas que ajudem o cliente a pensar o que ele ganhará ao resolver o problema, atender a necessidade. É muito importante que ele visualize esse cenário para que você finalize o SEPAPIAG de maneira positiva, aumentando a disposição do cliente para a mudança do estado atual para o estado desejado. Perguntas como: Se você/sua empresa resolver esse problema, quais pessoas serão beneficiadas ? Quais benefícios, lucros, melhorias acontecerão?

Controle sua ansiedade e suas dúvidas!

Somente depois de ter entendido esses oito itens, você terá a certeza de que fez o levantamento de necessidades correto e completo e que está preparado para fazer uma proposta, oferecendo ao cliente um produto ou serviço. Algumas coisas devem estar passando pela sua cabeça, então vamos tentar sanar suas dúvidas:

Pensamento 1: "Mas são muitas perguntas, o cliente ficará irritado e não responderá." Primeiro, não são tantas coisas assim, você não precisa fazer vinte questões para cada item do SEPAPIAG, muitas vezes, uma será suficiente em cada etapa. O segundo ponto é que, se você quiser realmente ajudar seu cliente a tomar a melhor decisão, conscientize-se de uma vez por todas de que não dá para fazer ofertas ou achar que sabe o que ele precisa sem se aprofundar de verdade. Então, antes de começar a perguntar, explique sempre ao cliente que fará algumas questões que ajudarão você a recomendar a melhor solução, inclusive, de maneira mais rápida, afinal, com boas informações a chance de ajudá-lo é bem maior.

Pensamento 2: "E se mesmo eu fazendo tudo isso, o cliente achar que estou fazendo um interrogatório?" É claro que você não deve metralhar o cliente. Essas perguntas devem ser feitas de maneira agradável e natural, inclusive usando as informações que o cliente passar durante a conversa. Então, mostre-se muito atento quando o cliente estiver falando, tanto para ouvir de verdade como para mostrar que está realmente interessado nele — perceba como isso faz a diferença em suas interações.

Pensamento 3: "Mas como vou agir de maneira natural, se isso parece um script?" É possível que, nas primeiras vezes em que praticar o SEPAPIAG, você se sinta inseguro e fique mais preso ao checklist, porém a prática levará à naturalidade. À medida que for usando, você terá mentalmente a sua forma de conduzir a conversa. Sergio Renato Pescuro, que participou da primeira turma do curso *Alta Performance em Vendas* e definiu o levantamento de necessidades como etapa da venda a ser melhor trabalhada, pensou em uma estratégia para começar a usar o checklist. "Vou fazer um script do SEPAPIAG e deixar uma folha por cliente para eu usar até que essa fase de perguntas passe a ser feita de maneira natural." Treinar, treinar + praticar e praticar, esta é a única forma de tornar prático e natural um novo conhecimento adquirido.

Pensamento 4: "E se eu estiver, por exemplo, no segundo item do SEPAPIAG e já souber o que o cliente precisa, posso pular os próximos e ir direto para a oferta da proposta?" Não se precipite, você pode achar que sabe, mas descobrir que achou errado. É muito comum vermos vendedores tentando adivinhar o que o cliente precisa no começo da conversa e basear suas próximas perguntas no que ACHAM e no meio do caminho descobrirem que estavam errados, e com isso perderam tempo fazendo perguntas e até mesmo ofertas erradas baseadas em percepções precipitadas. Aprenda a controlar a sua ansiedade porque ela pode levar, até mesmo, à perda da venda. Foi o que aconteceu com Luiz Cesar Espírito Santo, gerente de negócios de uma instituição financeira, no início de sua carreira: "Um senhor que não era associado da instituição me perguntou se fazíamos financiamento de veículo. Eu disse que sim e já fui logo passando as condições do financiamento. Depois de muita conversa, ele agradeceu pelas informações e disse que faria o financiamento em outra instituição, pois ainda não tinha conta conosco e faria na instituição que já tinha. Depois que ele saiu, percebi que cometi uma grande falha, pois já fui direto ao assunto sem prestar atenção nas informações que ele deu, sem fazer mais perguntas para entender tudo que envolvia a compra."

E então, se convenceu da importância de praticar o checklist de perguntas? Esperamos que sim, mas se a resposta ainda for não, este é meu argumento final.

"Durante o SEPAPIAG nem falamos de preço. Esse é um dos principais focos de um bom levantamento de necessidades — entender tanto o cliente quanto as objeções, principalmente as de preço, já começam a perder importância ou diminuir de prioridade. Depois que você tiver as respostas do cliente para os oito itens, a conversa deverá fluir muito mais naturalmente para valor criado, ganhos e benefícios para o cliente, do que só para 'quanto custa'. Note também que muda completamente o foco do trabalho do vendedor, seu discurso, vocabulário e, principalmente, sua atitude em relação ao cliente."

Relembre suas últimas experiências como comprador: quantas perguntas o vendedor fez? Aliás, ele fez alguma ou foi direto ao famoso jargão "posso ajudar"? Se isso aconteceu, é bem provável que você tenha dito que estava só olhando e ele foi logo dizendo que tinha produtos em promoção e ofereceu coisas que não faziam o menor sentido para você. Infelizmente, isso ainda é bastante comum. Aliás, esse é um dos principais motivos que inviabilizam as vendas, afinal, qual é a chance de comprarmos algo que não faz sentido para nós? Zero! Por isso, fazer levantamento de necessidades é tão importante para entender realmente o que o cliente precisa, fazer propostas que gerem valor e ganhos para o cliente, aumentando muito a chance de concretizar a venda.

Descubra quais são os maiores erros cometidos no levantamento de necessidades:

- **Não mostrar interesse** – Um vendedor interessado no cliente quer saber mais, entender e ajudar — não dá para ajudar o cliente sem interessar-se por ele/ela.
- **Ser muito passivo** – Você não pode ficar esperando que o cliente tenha iniciativa e fale tudo o que nós, vendedores, precisamos saber e descobrir para ajudá-lo.

- **Ser arrogante** – A arrogância quebra o vínculo do *rapport* (harmonia, afinidade, confiança) e afasta o cliente justamente em um momento crucial, que é o de entendê-lo melhor.
- **Não ter entusiasmo** – Fique antenado, ligado, 100% focado no cliente e na oportunidade, tendo uma postura energizada, proativa, vibrante. A falta de entusiasmo transmite falta de confiança e de interesse.
- **Falar demais** – Levantamento de necessidades é fazer perguntas e ouvir o cliente para ajudá-lo. Não dá para fazer isso se você falar demais (e ser ativo não significa falar demais!).
- **Não fazer as perguntas certas** – Isso mostra que o vendedor não está entendendo, que não está prestando atenção, que não sabe bem do que está falando, que não pode ajudá-lo ou simplesmente que não é a pessoa com quem ele/ela deveria estar falando.
- **Estar com pressa** – Você já foi atendido por algum médico que estava com pressa? Se sentiu valorizado ou desvalorizado? Se você tratar o cliente com pressa, ele vai sentir que você não estava realmente interessado e que ele/ela não era tão importante assim.
- **Não respeitar nem valorizar o perfil do cliente** – Se você não entender, respeitar e valorizar o perfil do cliente na hora de fazer as perguntas, pode irritá-lo. Vendedores de alta performance fazem o levantamento de necessidades de acordo com o perfil do cliente, respeitando e valorizando as características de cada um.

8 Grandes problemas causados pela falta de habilidade e atitude em levantamento de necessidades

1. **Baixo índice de conversão/fechamento** – Como o vendedor não fez corretamente o levantamento de necessidades, existe uma tendência maior a oferecer algo que o cliente não valorize ou não queira.

2. **Baixo índice de satisfação** – Quanto melhor entendermos as necessidades do cliente, maior a probabilidade de fazer com que ele fique satisfeito.
3. **Baixa empatia com clientes** – Vendedores que não fazem as perguntas certas quebram o *rapport*, enfraquecem a sintonia e acabam tendo baixa empatia com o cliente.
4. **Ticket médio baixo** – O cliente tem a tendência de comprar apenas os itens mais simples, muitas vezes até mesmo estimulado pelo próprio vendedor, que não entendeu todo o potencial do cliente.
5. **Sensação de amadorismo** – Quando o vendedor está despreparado, as perguntas que o cliente faz parecem perdidas e reforçam a sensação de amadorismo, afastando o cliente.
6. **Venda mais demorada** – Se fizer as perguntas erradas, a venda fica muito mais lenta. Imagine um cofre que você precisa descobrir a combinação correta para abrir. Perguntas certas abrem o cofre, pois trazem a combinação de respostas e informações que você precisa. Já as erradas fazem o contrário — podem até travar o processo e fazer com que se arraste.
7. **Dificuldade na negociação, mais descontos** – Se não levantou as necessidades corretamente, não terá boas argumentações com o cliente quando ele pedir desconto e apresentar objeções.
8. **Falta de confiança** – Um bom profissional transmite muito mais segurança e confiabilidade quando faz as perguntas certas. Já os amadores fazem o contrário: através de perguntas fracas, destroem sua credibilidade e depois não entendem o que aconteceu. Até mesmo um vendedor apressado, que já entendeu o que o cliente precisa, pode ter problemas se acelerar demais o processo e não fizer as perguntas que o cliente achar necessárias. Imagine um médico que nem deixa você sentar na cadeira e já diz: "Já sei o que você tem! Tome dois comprimidos deste remédio a cada 12 horas e ficará ótimo!" E você nem abriu a boca ainda, nem falou o que tem, nem descreveu os sintomas. O cliente quer

sentir-se compreendido, cuidado, entendido. Ao fazer o levantamento correto de necessidades, você aumenta a confiança do cliente em você e na proposta/recomendação que vai fazer. Já um vendedor que não o faz corretamente, com certeza, vai se complicar no passo da proposta, da negociação ou do fechamento.

RAÚL CANDELORO
raul@vendamais.com.br

- Fundador e diretor da Editora Quantum, uma empresa com a missão de ajudar vendedores e empresas do Brasil a venderem mais e melhor.
- Autor de mais de 15 livros sobre vendas. Suas famosas palestras e workshops já inspiraram milhares de profissionais a vender mais, liderar com mais energia, aumentar a lucratividade e a causar um impacto cada vez mais positivo nas empresas em que trabalham. Sua primeira publicação nasceu em 1994, a revista *VendaMais* – www.vendamais.com.br – hoje a maior revista de vendas do Brasil com um site que reúne os melhores artigos da área. Desde então, Raúl tem dedicado sua vida a ajudar pessoas, times e empresas a criar mudanças que tenham resultado imediato.
- A lista de clientes é grande e inclui empresas como Volvo, Localiza, Volkswagen, Fiat – Iveco, Honda, Claro Telecomunicações, Bradesco Seguros, Spaipa, Tigre Tubos e Conexões, bem como profissionais, líderes e empreendedores que participam de suas palestras e workshops em diversas cidades.
- Formado em Administração de Empresas e com MBA pela Babson College, nos EUA, Raúl reúne em seus trabalhos o seu espírito empreendedor, treinador e escritor, tornando-se um dos maiores especialistas da área de vendas e gestão do Brasil.

Comentários do Autor Heverton Anunciação

SOBRE ESTE ARTIGO

Alguns profissionais me chamaram de estranho por convidar um vendedor para fazer parte deste livro. E, ainda, um dos principais profissionais que ensinam vendas no Brasil.

Até que se prove o contrário, todos nós somos inocentes, eu acredito. E a área de vendas também é inocente, como a área de Marketing e de Atendimento ao Cliente.

Mas, daí você pode me perguntar: Quem é o culpado pelo atendimento ainda deficitário em grandes, pequenas ou médias empresas?

Eu arriscaria em dizer que é a gestão, ou se fosse um time de futebol, a culpa seria do técnico. Calma, eu me faço explicar.

Se o bom exemplo de transparência ou de envolvimento não chegar da gestão, todos continuarão em silos e trancados em suas áreas. E, por último, continuarão usando aquela frase "eu fiz minha parte" e "se o outro departamento não fez direito, problemas deles".

O Atendimento ao Cliente é visto pelos clientes como seus embaixadores, e esses não estão preocupados com quem está a "batata quente", se é com logística, cobrança, ou vendas, o cliente quer um canal único.

- **DICA**

Neste link do artigo do Raúl é importante conciliar o perfil do vendedor com o gerenciamento de suas atividades. Leia neste artigo "Vendedor: 10 dicas para administrar melhor o seu tempo" – https://www.raulcandeloro.com.br/category/blog/artigos/, dez. 2019.

- **CURIOSIDADE**

Não venda apenas uma vez, mas várias vezes ao mesmo cliente. Neste link você verá: "Como fazer um pós-venda eficiente: mostre que vai continuar ajudando" – https://www.agendor.com.br/blog/como-fazer-pos-venda-o-que-e/, dez. 2019.

- **SUGESTÃO DE LEITURA COMPLEMENTAR**

O que é Pós-Venda? – https://www.youtube.com/watch?v=qmoIirEAFrY

Raúl Candeloro – *VendaMais* – Prospecção de Novos Clientes – https://www.youtube.com/watch?v=FLmwVSIDD-c, dez. 2019.

Segmentar
PARA OTIMIZAR

Um dos maiores desafios de um profissional responsável por operações de atendimento, hoje em dia, é conseguir equilibrar um orçamento cada vez mais restrito com o crescente nível de exigência dos consumidores em um mix de canais cada vez mais amplo.

Como regra, as empresas têm buscado informatizar cada vez mais seu atendimento, dirigindo os contatos para canais como internet e respostas automatizadas de forma indiscriminada, mudando o perfil de serviço oferecido para toda sua base de clientes.

Minha recomendação, baseada na experiência prática, é que antes de começar qualquer processo de revisão de modelos de atendimento, profissionais dessas áreas analisem e discutam com seus clientes internos o perfil de seus consumidores, e quais segmentos são mais importantes dentro desse conjunto, seja para o momento atual da companhia, seja para seu desenvolvimento futuro.

Diversos segmentos, como a indústria farmacêutica, por exemplo, simplificaram seus processos de cadastramento para diminuir o tempo médio de ligações e instituíram processos de registro baseados no mínimo de informações possíveis (em alguns casos, registro apenas de documento de identidade e nome). Se no curto prazo o custo cai significativamente, existe uma grande perda de conhecimento sobre esses clientes, o que impede o desenho de ações diferenciadas de marketing e comunicação que estimulem a compra repetida ou a volta daquele cliente, maximizando seu retorno para a companhia.

Mas como resolver esse problema se, do outro lado da linha, o cliente também reclama de ficar muito tempo no telefone, ou de processos longos de atendimento? Uma solução é usar a técnica de questionamento fracionado, e fazer uma pergunta de cada vez, uma pergunta a cada chamada ou interação, assim, será possível manter as interações curtas e objetivas, aumentando seu conhecimento sobre o grupo de clientes e, com base na análise destes dados, revisar seu modelo de contato com aquele cliente específico.

Este modelo individual deve levar em conta basicamente dois fatores: capacidade de contribuição e preferências de contato. Em relação a capacidade de contribuição, avaliamos qual é a real contribuição daquele cliente para nosso negócio ao longo do tempo, e agrupamos os clientes em grupos de alto, médio e baixo valor. Depois, cruzamos essa informação com as preferências identificadas de cada cliente, o que vai permitir dimensionar quais os canais em que precisamos investir.

Ao reunir essas duas informações, podemos fazer um dimensionamento mais adequado da operação para que ela seja um "centro de receita" em vez de um "centro de custo", como muitas vezes o atendimento é visto. Isto porque partimos do atendimento das preferências do grupo de mais alto valor, focando a atenção nesse grupo que traz mais receita para a companhia e garantindo que ele tenha um nível de serviço adequado a sua importância para o negócio. Ao mesmo tempo, ao avaliar os indicadores de serviço e canais que serão disponibilizados para o grupo de baixo valor, precisamos adequar o custo das operações ao efetivo retorno daquele contato (basta um exercício simples: comparar os custos totais de interação com os clientes que nos contatam mais vezes com a margem deixada por eles. Em algumas indústrias em que fiz essa análise o cliente precisava crescer 25% nas suas compras apenas para pagar o custo de ser atendido ao telefone...)

Com esse desenho de operação é possível, assim, fazer um uso adequado da tecnologia disponível para a área de atendimento, seja pela introdução de canais de resposta automática de voz, ou chatbots, seja pelo incremento de canais digitais como chats, whatsApp e portais. Ao definir portas de entrada diferentes para diferentes tipos de clientes, ou usar formatos de identificação que permitam dirigir cada cliente ao seu modelo de atendimento, podemos otimizar o investimento feito nessas operações e, efetivamente, contribuir para o crescimento dos negócios dos quais fazemos parte como agentes de contato com o cliente.

ANDRÉ VELOSO
acrveloso@uol.com.br

- É consultor em marketing digital e CRM, com mais de 20 anos de experiência na área em diferentes indústrias como farmacêutica, financeira e de telecomunicações.
- Atuou em projetos de revisão de modelos de atendimento e implementação de canais digitais no Brasil, Portugal e diversos países da América Latina como Argentina, Chile, México e Peru.
- Palestrante em eventos nacionais e internacionais.

Comentários do Autor Heverton Anunciação

SOBRE ESTE ARTIGO

O artigo do André é excelente e resume muito da sua vasta experiência em nosso setor. Quando eu entrei no mundo do Atendimento ao Cliente e CRM, muitos ainda pensavam que bastaria comprar um sistema ou software de CRM e já, no dia seguinte, a empresa seria bem-vista pelos clientes. Que ingenuidade!

O CRM ganhou nova vestimenta agora no século XXI chamado de Customer Experience ou CX. E, quem já está "batalhando" no caminho de entender o cliente sabe que só o CRM não basta, se não houver integração perfeita com dados (BI, Data Warehouse, Analytics, Big Data, SEO, mapeamentos de canais etc.)

Logo, os investimentos feitos no atendimento darão resultado no curto, médio e longo prazo, e alguns, nunca terminarão. O importante é que a empresa tenha a cultura google dentro de suas fronteiras, ou seja, lance rápido, aprenda ou erre rápido, e corrija mais rapidamente. E assim, sucessivamente.

■ DICA

O profissional de atendimento é a ponte entre vendas e o marketing, mas para isso, deve conhecer ferramentas. Neste link conheça "8 ferramentas de marketing essenciais para empreendedores" – https://exame.abril.com.br/pme/8-ferramentas-de-marketing-essenciais-para-empreendedores/, dez. 2019.

■ CURIOSIDADE

Segmentar é identificar o perfil de cada cliente e sua fase. Neste link há algumas outras ferramentas – "Segmentação de clientes" – https://m.sebrae.com.br/sites/PortalSebrae/ufs/sp/programas/ferramentas-segmentacao-de-clientes,b695894c40bf3610VgnVCM1000004c00210aRCRD, dez. 2019.

■ SUGESTÃO DE LEITURA COMPLEMENTAR

Live Sebrae-SP: Como Segmentar seus Clientes – https://www.youtube.com/watch?v=pz79DA4s-QA, dez. 2019.

Segmentação de Clientes: Nada Mais Será Como Antes – https://exame.abril.com.br/blog/relacionamento-antes-do-marketing/segmentacao-de-clientes-nada-mais-sera-como-antes/, dez. 2019..

Reputação na
ERA DA INFORMAÇÃO

Com tanto mosquito zumbindo por aí, resolvi comprar vaporizadores de citronela num marketplace na web. Alguns dias depois, recebi o produto. Ao abrir a caixa, a primeira coisa que vi foi um pequeno bilhete que dizia alguma coisa assim: se houver qualquer problema com a sua mercadoria, não me qualifique mal no site, basta ligar para tal número que resolveremos o assunto rapidamente. Neste mesmo dia, entre as compras que havia feito na padaria ao lado de casa, encontrei um pacote de biscoitos com data vencida. Foi um sufoco para trocar. Parecia que tratavam com um estranho e não com um cliente há muito conhecido.

Qual é a diferença entre os dois episódios? Bem, a resposta envolve dois fatores, ambos já conhecidos e estudados em qualquer economia próspera, mas tremendamente potencializados na era da economia da informação.

O primeiro fator é o bom e velho ambiente competitivo que, na internet, tem dado aos consumidores cada vez mais conhecimento e, com ele, mais capacidade de comparação e barganha. Na web, o consumidor é capaz de comparar preços e condições, ler resenhas, trocar opiniões sobre produtos e fornecedores. Em suma, no ambiente online, o cliente é rei — manda, desmanda e tem o poder de decisão nas mãos.

A padaria da esquina, por outro lado, talvez ainda me encare não como cliente, mas como freguês. E freguês, desde quando eu ia ao Maracanã torcer pelo meu time, sempre foi sinônimo de perdedor — "um, dois, três... fulano é freguês" quer dizer que fulano não tem opção, exceto ser derrotado por sicrano. Nos tempos em que a nossa economia era carente de competição, todos nós, consumidores, éramos fregueses dos poucos fornecedores disponíveis no mercado. Sem contar os vários monopólios, nos quais sequer somos fregueses, mas vítimas. A padaria da minha esquina ainda me trata como freguês e não como cliente. Paciência... enquanto as impressoras 3D não imprimirem pão quentinho (e não falta muito...), eu vou continuar freguês da padaria. Mas, pacote de biscoitos? Lá, nunca mais.

A concorrência, é claro, faz toda a diferença, mas é o segundo fator que torna o contraste entre os dois episódios ainda mais dramático. Este segundo fator é a reputação.

Já se foi o tempo em que um cliente aborrecido tinha poucas opções de manifestar o seu desagrado com um mau atendimento. Quando muito, podia desabafar com um ou outro conhecido. As relações de consumo eram completamente desequilibradas. De um lado, o consumidor, tal qual um solitário Dom Quixote a enfrentar insensíveis moinhos, as organizações, quase sempre muito maiores, distantes e poderosas. A partir do Código de Defesa do Consumidor nos anos 1990, passando pela ampliação das Ouvidorias e, mais recentemente, com o poder crescente das mídias sociais, o brasileiro está muito mais exigente quanto ao padrão de qualidade de seus fornecedores e bem mais consciente de sua força como cliente.

Nesse ambiente aberto e transparente da web, ter uma boa reputação é muito mais do que mera vantagem competitiva — é fator de sobrevivência. Mas quem e o que, de fato, constroem a reputação de uma empresa ou de uma marca? A resposta, embora simples, é quase mágica — a reputação é consequência do que os seus clientes falam da sua marca. Antigamente, comentar sobre uma boa ou má experiência de consumo se limitava ao boca a boca com vizinhos, parentes, conhecidos ou, quando muito, justificava o trabalho de escrever uma carta para a seção dos leitores de um jornal. Hoje, a situação é completamente diferente. Há inúmeros exemplos de um único consumidor indignado, capaz de gerar estragos significativos na reputação de marca de grandes empresas usando apenas as mídias sociais. A situação se inverte: é o ratinho que assusta o elefante.

Este novo ambiente exige que as empresas adotem processos para o gerenciamento desses riscos, especialmente por serem de longo prazo e de difícil identificação. Não é fácil reconhecer quando cresce o número de clientes indignados ou se aumentam as chances de processos na justiça ou de autuações por órgãos oficiais. São riscos financeiros relevantes. Mas, quando se trata da web, o risco de imagem é a grande preocupação. É preciso avaliar com segurança se a reputação de sua marca está, de algum modo, sendo comprometida.

Tudo isso leva à necessidade de extensões à atuação convencional dos canais de atendimento. Nas empresas menores, essa atividade é desempenhada naturalmente pelos próprios proprietários. Já em organizações com estruturas formais de governança, a direção deve estabelecer um elo de confiança com o negócio que garanta cuidado permanente com a reputação da marca.

Afinal de contas, reputação de marca é o retrato fiel do respeito que a empresa tem com os clientes. E, respeito é bom e todos gostam.

MIGUEL SAUAN
miguelsauan@gmail.com

- Engenheiro e mestre pelo IME, com MBA pela UFRJ e extensão pela FDC/INSEAD. Foi diretor de Ouvidoria do Citibank, vice-presidente de Qualidade da Credicard, diretor executivo de Clientes Corporativos da Orbitall, além de conselheiro do Citiprevi.
- Atualmente é professor da ESPM e da Fundação Dom Cabral, palestrante e consultor de empresas.

Comentários do Autor Heverton Anunciação

SOBRE ESTE ARTIGO

Interessantíssima a reflexão do respeitado Miguel, com quem trabalhei no Citibank. Antigamente, bastava as empresas venderem na mídia as características e como elas gostavam de serem vistas pela comunidade. Era assim, faça o que eu digo, pensavam e agiam as marcas. Agora, graças às redes sociais, o poder está nas mãos dos clientes.

O que importa agora é como o cliente é tratado pelas empresas, e daí sim, os próprios clientes se tornarão evangelistas ou detratores da marca ou produto.

Reputações de marcas ou produtos foram destruídas em poucos minutos porque empresas ainda tentavam enganar os consumidores nos moldes do século passado.

Uma gestão de crise deve ser algo em constante andamento dentro da empresa, pois não existe perfeição no mundo dos negócios. E, como diz o princípio básico do Procon: a empresa errou? Corrija rápido, aprenda com o erro, e não erre novamente.

- **DICA**

  Não basta o que você fala de sua empresa, mas como o mercado avalia a sua marca e produtos. Neste link você entenderá as melhores práticas de reputação e empresas: o que conta? – https://www.ethos.org.br/cedoc/reputacao-e-empresas-o-que-conta/#.XhN_2EdKjIU, dez. 2019.

- **CURIOSIDADE**

  A empresa deve buscar o equilíbrio no lucro do acionista e dos clientes. Neste link você entenderá como fazer isso no artigo "Por um tripé de respeito – https://www.fdc.org.br/conhecimento/publicacoes/artigos-revista-dom-31794, dez. 2019.

- **SUGESTÃO DE LEITURA COMPLEMENTAR**

  Nova Metodologia para Mensuração de Reputação Corporativa e Valor de Empresas e Marcas

  – http://www.aberje.com.br/colunas/nova-metodologia-para-mensuracao-de-reputacao-corporativa-e-valor-de-empresas-e-marcas-2/, dez. 2019.

  HSM Entrevista Miguel Sauan

  – https://www.youtube.com/watch?v=3CibN4cjHbk, dez. 2019.

Dream **TEAM**

Ter uma equipe dos sonhos é o que todo líder deseja, e se pergunta como é difícil selecionar cada profissional para montar essa equipe.

Ter objetivos claros e propósito são fatores fundamentais para uma equipe engajada.

Muitas são as metodologias disponíveis para realizar o melhor recrutamento e seleção, mas é indispensável para qualquer técnica escolhida que seja adaptada ao perfil adequado.

A construção da equipe tem como ponto de partida conhecer o cliente da marca e entender qual perfil profissional terá mais sucesso na relação com ele. Todos da equipe devem conhecer o cliente e entender o que eleva sua satisfação.

Informações básicas são indispensáveis para conhecer o cliente como: gênero, idade, expectativas e o que tira sua satisfação.

Para satisfazer o cliente é necessário algum cuidado:

- Pessoas com perfil adequado se relacionando com ele;
- Pesquisa de satisfação mensal, no mínimo, sendo analisada não apenas com o olhar para o 100% de satisfação, mas com atenção redobrada no que desagrada o cliente. O responsável por analisar a pesquisa

deve ter autonomia de fazer os ajustes necessários nos processos para acelerar a melhoria da satisfação do cliente;

- Reconhecer os profissionais que atingem os objetivos, mantendo-os motivados.

Abaixo, exemplos simples de processo do mapeamento para recrutamento e seleção:

Primeiro: é definir detalhadamente cada função, por exemplo, agente de relacionamento nas redes sociais:

- Interagir com os clientes sobre conteúdos perenes ou campanhas/promoções, a fim de sanar dúvidas, orientar quando há problemas no produto ou no consumo, escalonando quando necessário. Durante o atendimento ter atenção à linguagem escrita fazendo o uso correto conforme as regras gramaticais. Respeitar a governança, tom de voz da marca, utilização das informações para resposta de forma criativa e tempo de resposta de acordo com o SLA. Manter postura profissional durante as atividades, com comportamento adequado, notas de qualidade de acordo com os indicadores definidos pela gestão.

Segundo: é definir os requisitos mínimos, as habilidades mínimas e as habilidades treináveis.

- Requisitos mínimos:

  □ Estudante universitário de período noturno ou superior completo (não há exigência de graduação específica);

  □ Usuário de mídias sociais (ativo e com domínio da ferramenta);

  □ Redação – avançado;

  □ Inglês – intermediário.

- Habilidades mínimas:

  □ Conhecimento de Excel e PowerPoint;

  □ Habilidades de digitação.

- Habilidades treináveis:

  □ Uso dos sistemas – registro e interações;

  □ Utilizar o tom de voz adequadamente;

  □ Conhecimento do produto (portfólio, campanhas etc.), conhecimento dos procedimentos e fluxos internos e conhecimento da governança, incluindo SLAs.

Terceiro: é ter avaliações/testes que garantam a contratação do perfil correto.

Nos três primeiros meses de trabalho é importante monitorar os contatos avaliando os resultados através de indicadores definidos, baseados em benchmark, uso de uma metodologia como a Norma COPC ou resultados exitosos de outros profissionais da empresa.

A equipe de redes sociais precisa de autonomia criativa, pois as interações com os consumidores devem ser personalizadas para gerar credibilidade e engajamento aos perfis oficiais da marca.

Treinamento e indispensáveis simulações que permitam identificar se os profissionais estão prontos para o relacionamento com o cliente. Para ter um time engajado é necessário que o cuidado usado com cliente seja também aplicado ao time.

Ouvir a equipe que se relaciona diretamente com o cliente é indispensável para manter o conhecimento sobre o cliente, melhoria contínua dos processos, como também atualização dos registros.

A captura dessas informações pela equipe ocorre quando o grupo tem conhecimento ponta a ponta de todos os processos da área de relacionamento e não apenas de suas atividades. O conhecimento ponta a ponta da equipe gera mais segurança no relacionamento com cliente, no esclarecimento de dúvidas ou mesmo na resolução da reclamação. Além disso, o Call Center ganha mais mobilidade para movimentações internas, quando necessário.

Quando falamos em avaliação de performance é importante que cada um da equipe saiba claramente quais são as métricas e as metas, como também o suporte da supervisão para alcançá-las.

Uma das métricas mais discutidas em Call Center é monitoria, vista, muitas vezes, como vigilância seguida de punição, com questionamento sobre a coerência das avaliações. Para que a equipe peça para ser monitorada enxergando o valor de desenvolvimento que a monitoria traz, deve-se ter um treinamento para todos os avaliados sobre o checklist de monitoria, dessa forma, os feedbacks são de desenvolvimento e não de apontamento de erro.

Manter o Dream Team é mais desafiador do que recrutá-lo. As expectativas aumentam, e deve-se ficar atento para calibrar as expectativas com o que a empresa tem e pode oferecer.

Portanto, antecipe-se oferecendo treinamentos alinhados com a estratégia e objetivo do ano, mostrando que está atento ao desenvolvimento da equipe.

Outro desafio que se apresenta em Dream Team é a necessidade de mudar de função, fazer algo diferente, para isso tenha a mente aberta, procure pensar como dono de startup, na qual mudança é sinal de melhoria, muitas vezes esse esforço de "dança das cadeiras" gera ganhos surpreendentes.

Na maioria das equipes de Call Center que conheço há o misto de pessoas com experiência e *millennials*, que é um presente, pois provoca um grande dinamismo no trabalho. Por um lado pessoas que sabem fazer atividades com qualidade, e do outro os *millennials* que estão sempre atentos a buscar uma forma inovadora de fazer.

Acredite. Pessoas felizes no trabalho entregam mais qualidade.

Eu acredito!

ELIZABETH ALMEIDA

ealmeida@13consulting.com.br

- Mais de 20 anos de experiência como executiva e consultora nas áreas corporativas de Relacionamento com Cliente/Consumidor, abrangendo promoções, e-commerce, logística, vendas, cobrança, Call Center e transformação digital.
- Especialização em marketing digital, qualidade de serviço (Disney Institute) e Norma COPC (Customer Operations Performance Center), além de participação em Missão ao Vale do Silício.
- Atuação em empresas de grande porte como Coca-Cola, Cia Brasileira de Petróleo Ipiranga, Fundação Vale do Rio Doce, Seguridade Social — Valia.
- Além de experiência como professora universitária na UFBA. Atuando como palestrante e consultora no Brasil.

Comentários do Autor Heverton Anunciação

SOBRE ESTE ARTIGO

O setor de atendimento ao cliente é um dos de maior contratação no Brasil. Quando eu comecei a carreira, iniciei como office boy. Hoje, a maioria dos jovens começa como atendente de telemarketing.

E qual é o desafio? As empresas, em média, levam 45 dias para tentar instruir esse funcionário no seu português, habilidades de uso de informática, ter perfil de vendas e na arte de atender bem ao cliente.

Muitas empresas ainda estão indecisas se o correto é manter os profissionais terceirizados ou efetivos em seus quadros de funcionários.

A resposta para esse desafio? É a empresa valorizar e ter na sua missão qual é o valor do cliente e o seu relacionamento com a empresa. Uma vez obtida essa resposta, não importará onde estará o funcionário, mas sim, o perfil e valor dado ao mesmo.

- **DICA**

Um time deve estar sincronizado e buscando o mesmo objetivo, e isso vale para o time do atendimento também. Neste link você entenderá isso. "Porque o backoffice vai influenciar no frontoffice do seu e-commerce" – https://algartech.com/pt/blog/back-office-influencia-no-front-office/, dez. 2019..

- **CURIOSIDADE**

Treinar, treinar e treinar. Tudo é sempre novo no dia a dia de uma central de atendimento, e neste link você deve respeitar essa verdade. "Como treinar as equipes nas empresas?" – https://www.youtube.com/watch?v=QG4cCRUsxPQ, dez. 2019.

- **SUGESTÃO DE LEITURA COMPLEMENTAR**

PRÊMIO CONSUMIDOR MODERNO

– https://www.youtube.com/watch?v=yovlmThwpMc, dez. 2019.

5 Estratégias para Criar uma Equipe mais Produtiva — Christian Barbosa

– https://www.youtube.com/watch?v=4_d_FlrGzhs, dez. 2019.

É fundamental ouvir **O NOSSO CLIENTE!**

Para nós, profissionais das áreas de relacionamento, um dos maiores desafios é fazer com que as empresas ouçam o cliente.

Ele sempre é a nossa maior fonte de informação e peça fundamental para melhoria dos nossos produtos e serviços.

Considerando que tudo hoje acontece em altíssima velocidade, o cliente também está cada vez mais exigente, ansioso e com acesso imediato às redes sociais e em apenas alguns minutos ele pode "arranhar" a imagem que as empresas muitas vezes trabalharam anos para construir.

Diante desse cenário, PRECISAMOS preparar nossas empresas e equipes para essa nova realidade, pois não temos escolha.

E como fazer isso?

Em primeiro lugar, ouvindo os clientes, o que gostam, hábitos comportamentais, necessidades, desejos e o que esperam da nossa empresa, quais são as expectativas em relação aos serviços que prestamos ou produtos que vendemos.

A partir desse conhecimento, devemos disponibilizar serviços e canais de relacionamento alinhados com essas expectativas, garantindo agilidade na solução e atendimento da demanda de forma adequada.

Interaja com seus clientes, envolva as demais áreas da companhia no tema "cliente", invista na Cultura de Clientes, envolva necessariamente o presidente e toda a diretoria; é importante que TODOS (funcionários e parceiros) tenham consciência que são responsáveis e devem ficar atentos à satisfação dos clientes.

Seja ágil no retorno: não deixe seu cliente esperando sem que ele tenha conhecimento que você está trabalhando para apresentar uma solução adequada, também seja ágil na busca de soluções tecnológicas que facilitem o dia a dia, antecipe-se, fique atento às tendências de mercado e, principalmente, ouça sempre a opinião dos clientes.

Esteja próximo das áreas que interagem diretamente com ele (campo e backoffice), eles têm muitas informações relevantes que poderão trazer benefícios rápidos com baixo ou médio esforço.

Contrate pessoas que amem o que fazem e isso fará toda a diferença. Capacite todo o time para saber ouvir de forma imparcial buscando a melhor solução para o cliente e para a empresa.

Trabalhe consistentemente a cultura da empresa para que o cliente seja considerado no desenho de projetos, processos e procedimentos. Não podemos atuar com o olhar do que é melhor e mais fácil para a empresa, precisamos atuar com o olhar "do cliente", o que faz sentido para ele!

Se não atuarmos dessa forma, corremos o risco de desenvolver soluções que demandam grandes investimentos e que não trarão resultados significativos, nem para a empresa e nem para o cliente.

Agora, vamos falar um pouco sobre NPS? (O Net Promoter Score é uma metodologia criada por Fred Reichheld para medir o grau de satisfação e a lealdade dos clientes das empresas de qualquer segmento).

Se você ouvisse agora os seus clientes, quantos deles recomendariam seus produtos ou serviços? Boa pergunta, não é mesmo? Neste momento chegamos à tão famosa "Hora da Verdade".

O conceito do NPS é interessante, pois surgiu como alternativa à tradicional pesquisa de satisfação. Basicamente, ele diz que a satisfação é uma medida de curto prazo, muito influenciada pelo momento, inconsistente.

Já o NPS é a melhor métrica, que, sozinha, consegue diagnosticar o estado da relação entre um cliente e uma marca.

Originalmente, diziam que ele era a pergunta definitiva, ou seja, que sozinho conseguiria substituir um questionário de satisfação (o que eu não considero verdade).

O NPS é uma medida mais perene que resume o conjunto das interações desse consumidor com a marca, em seus diversos pontos de contato. Ele se aplica muito bem a serviços, mas não a produtos de consumo rápido, como sabão em pó, iogurte etc.

Por muito tempo, só se falou em programas de NPS, ou seja, montar um processo que coletasse de forma consistente e regular feedbacks dos consumidores sobre uma marca.

Atualmente, no entanto, a principal discussão é como usar o NPS para orientar ações e planos de melhoria em uma empresa, para que ela possa essencialmente se tornar uma empresa orientada para o cliente.

Para isso, é preciso não apenas ter um programa bem estruturado para coletar NPS de forma regular, e sim investir nas seguintes frentes:

- Implantar processo *close the loop*;
- Ter um processo de governança;
- Os resultados precisam ser parte integrante dos KPIs da empresa e, sistematicamente, acompanhada pela alta gerência;
- Ter um processo para elaboração de ações baseadas no NPS, que terão seu resultado mensurado periodicamente.

E, lembre-se: um baixo NPS não significa necessariamente que sua empresa está arruinada. Não tente explicar maus resultados, e sim aprender com eles.

ELIZABETH EVANGELISTA ANDREOLI

bethandreoli@hotmail.com

- É atualmente conselheira da Associação Brasileira das Relações Empresa Cliente — ABRAREC, já atuou anteriormente como coordenadora do Comitê de Varejo da Câmara Brasileira de Comércio Eletrônico — camara-e.net.
- É gerente de relacionamento com clientes do Grupo Pão de Açúcar desde 2011, e também esteve por mais de nove anos na empresa Via Fácil/Sem Parar, onde foi ouvidora.
- Ela é Administradora de Empresas, com MBA em Gestão Empresarial pela FIA (Fundação Instituto de Administração).

Comentários do Autor Heverton Anunciação
SOBRE ESTE ARTIGO

A maioria dos profissionais que trabalham na área de atendimento são mágicos ou até milagreiros. “São gente que faz!”

A empresa não dá o sistema correto para eles atenderem o cliente? O pai Excel resolve!

A empresa não dá a remuneração correta de incentivo aos agentes? O amigo supervisor resolve pagando almoços de premiação com seu próprio salário.

A empresa não libera prêmios aos melhores clientes? Já vi supervisores conseguirem com o departamento de logística alguns produtos diretamente no estoque e presenteando os melhores clientes.

O presidente da empresa deve se colocar como um maestro conduzindo a orquestra de todos os departamentos. E, quando alguma área desafinar, dedicar-se em conjunto para alcançarem a maestria da experiência de atendimento.

- **DICA**

O Magazine Luiza tem conquistado espaço devido sua história de ótimas experiências de atendimento. Assista a esta entrevista com a própria Luiza: "Duas coisas distinguem as empresas: inovação e atendimento – Luiza Trajano/Magazine Luiza" – https://www.youtube.com/watch?v=XQIOgFJRQNQ, dez. 2019.

- **CURIOSIDADE**

A sociedade faz o varejo ou vice-versa? Através da capacidade de entender o mercado pode-se criar produtos e serviços únicos. Neste artigo você entenderá isso: "Como a sociedade influencia o varejo" – https://www.consumidormoderno.com.br/2016/02/24/como-a-sociedade-influencia-o-varejo/, dez. 2019..

- **SUGESTÃO DE LEITURA COMPLEMENTAR**

Elizabeth, da Casa do Cliente: a expectativa é muito grande – https://www.youtube.com/watch?v=7blDwuwl8aU, dez. 2019.

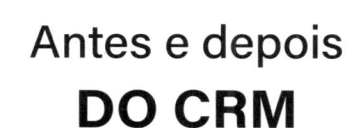

Antes e depois
DO CRM

Estou há mais de 12 anos trabalhando com projetos relacionados à CRM, BI e Atendimento ao Cliente. As empresas por onde passei sempre pensaram em satisfazer os seus clientes e fidelizar, porém, acreditavam que a mágica para que isso se tornasse realidade era a implementação de um software de CRM, com inteligência de mercado aplicada e um fluxo interno de atividades bem estruturadas, com a visão única de clientes atuais e novos clientes.

Seria ótimo se na prática isso acontecesse de fato, uma vez que as empresas estão sempre preocupadas em aumentar receita e não pensar no todo da proposta da empresa e, principalmente, a entrega do que efetivamente foi vendido ao cliente.

A primeira missão do CRM quando implantado em uma empresa é melhorar a comunicação com o cliente, pois teremos uma visão unificada e comunicação integrada. Outro ponto importante é sempre contar com o entusiasmo e engajamento dos principais líderes da empresa para lançar, implementar e utilizar o CRM, caso isso não ocorra, haverá uma grande probabilidade de insucesso na utilização da ferramenta. Digo isso com propriedade, já passei por seis implantações e em todas fui obrigado a utilizar a abordagem top-down com os usuários comuns, área comercial, atendimento ao cliente etc.

Uma vez que a empresa supera essa etapa e possui exatamente o escopo de trabalho interno e onde quer alcançar seus atuais e futuros clientes, é hora de evoluir e passar a utilizar a ferramenta como um gerenciador de relacionamento, mensurando a qualidade de atendimento da empresa e, de forma prática, entender o hábito de compras dos clientes. Integrar também o funil de vendas, taxa de conversão das campanhas e criar metodologias de amostragem de vendas atenderá as necessidades da empresa e do cliente.

Fonte site Freepik

Após a estrutura de CRM em andamento e todas as áreas trabalhando a favor dos clientes atuais e novos, será importante o engajamento das pessoas com os dados históricos, buscando aplicar uma análise RFV (recência, frequência e valor*)* tornando uma ferramenta de muito valor para fidelizar e alcançar novos clientes de forma organizada e estruturada.

Atualmente, com novas tecnologias aplicadas às ferramentas de CRM e Atendimento ao Cliente, passamos a utilizar a Inteligência Artificial atrelada ao relacionamento efetivo que temos. Particularmente, acredito muito no Social CRM, que, nos últimos anos, vem aumentando muito a nova atitude de atendimento com clientes e prospects. Cada vez mais, os clientes querem receber uma rápida solução ou retorno e, em sua grande maioria, de forma simples e inteligente, uma vez que a empresa já o conhece e sabe de seus gostos, hobbies, dados cadastrais, problemas etc.

A importância dos dados qualificados e bem organizados torna-se o reflexo do que realmente a empresa é e como os clientes a enxergam. Relacionamento é atualmente a melhor e mais forte ferramenta de acesso aos seus clientes e prospects, o compartilhamento de dados e opiniões positivas de seus clientes junto a outros players torna a marca mais forte e abrangente.

O grande objetivo dos profissionais de CRM, BI, Atendimento ao Cliente é tornar a experiência do cliente única, utilizando-se da técnica one on one (1:1) e relacionamento mais próximo possível, como se cada cliente tivesse um atendimento totalmente personalizado e quando precisar.

Estive há pouco tempo em um workshop com a Luiza Helena e Roberto Setúbal, e ambos falaram da experiência de marketing digital que as suas companhias estavam passando. A transformação digital fez com que grandes empresas entendessem melhor seus clientes antes de oferecer simplesmente mais um produto, a personalização está cada vez mais ampla e, sendo trabalhada de forma inteligente e organizada, esse é o princípio para aqueles que desejam um “depois melhor que antes”.

HERBERT FERREIRA
herbert_432@hotmail.com

- É formado em Comunicação Social com ênfase em Publicidade e Propaganda, especializado em Marketing Direto pela ABEMD e MBA em Marketing Digital na ESPM.
- Foi especialista em Marketing para mercado financeiro e atualmente é superintendente de CRM, BI, Marketing Digital e Novos Projetos na Consulting House — Relacionamento Corporativo.
- É especialista em Salesforce e atua como consultor de Marketing Digital e CRM.

Comentários do Autor Heverton Anunciação

SOBRE ESTE ARTIGO

E no princípio havia o caos? Diria o ditado popular. E será que o caos ainda não existe?

Sim. Ainda existe e continuará existindo. O desafio não é saber que o caos existe, eu acho. O desafio é identificar de que lado estão a maioria dos funcionários de uma empresa.

É que há pessoas que tentam levar ordem ao caos, como há pessoas tentando levar o caos à ordem.

Eu tenho notado, talvez graças à onda da transparência e dos Big Brothers, tudo o que acontece dentro das empresas têm sido mostrado. E tudo o que está ou estava escondido debaixo do tapete está sendo exposto. E você só arruma uma casa se a sujeira aparece.

E eu estou muito confiante com o progresso que tivemos nas relações empresas clientes nos últimos 20 anos.

E você? Está de qual lado?

- **DICA**

A Zappos foi considerada a melhor loja de itens via internet e com o melhor atendimento do mundo. Veja como aprender com ela neste vídeo e link: "Zappos: satisfação garantida/Entregando Felicidade" – https://www.youtube.com/watch?v=MzRH0X5z_R8, dez. 2019.

- **CURIOSIDADE**

O Instituto Disney oferece cursos e formação sobre esse tema, e neste link você verá a visão de um aluno deles. "O que eu aprendi com o instituto Disney" | Paula Tebett "– https://www.youtube.com/watch?v=Tnaphc6B45Y, dez. 2019.

- **SUGESTÃO DE LEITURA COMPLEMENTAR**

A History of CRM

– https://www.youtube.com/watch?v=b2eqneT_q88, dez. 2019.

O Papel do CRM na Produção de Clientes Satisfeitos

– https://www.agendor.com.br/blog/o-papel-do-crm-na-producao-de-clientes-satisfeitos/, dez. 2019.

Um novo campo **DE BATALHA**

A experiência do cliente é o novo campo de batalha das empresas. Não basta um bom produto ou uma boa campanha de marketing sem a entrega de qualidade e a construção de um relacionamento. As empresas estão percebendo a importância de cuidar do cliente como um diferencial estratégico.

O objetivo é resgatar o tipo de relação que existia nos antigos mercados de bairro, trazer de volta a proximidade entre comprador e vendedor. Eram conhecidos os hábitos de consumo e a história das famílias. Com a massificação dos serviços isso se perdeu. E os clientes passaram a ilustres desconhecidos, ainda que tenham uma relação recorrente com as empresas.

Além de conhecer o cliente, é importante buscar uma abordagem contextualizada para oferecer um tratamento individualizado, que seja relevante e traga conveniência. Cuidar do cliente envolve se antecipar aos problemas e oferecer soluções de forma proativa. O segredo para tornar isso realidade passa pela combinação de alguns pilares:

- **Personalização.** Cada vez menos o cliente vai tolerar empresas que tenham amnésia no que se refere a reconhecê-los, e torna-se fundamental lembrar-se de suas preferências. Não apenas ter seu histórico, mas aprender com as interações anteriores. Um bom exemplo é a Netflix, que utiliza machine learning ao analisar suas atividades e compará-las com a de outros usuários para sugerir o que você pode gostar de assistir em seguida.

- **Proatividade.** As empresas devem abordar seus clientes antes mesmo deles procurarem ajuda, antecipando suas necessidades. A Polícia Federal começou a usar este conceito de forma bem simples ao enviar um e-mail para quem está com o passaporte próximo da expiração. O Waze foi além e avisa quando está na hora de sair para um compromisso e evitar um atraso devido a um trânsito não previsto.
- **Omnichannel.** O Atendimento a Clientes já é feito por múltiplos canais, o desafio é ser capaz de gerenciá-los de forma simultânea. A relação iniciada em um canal deve ser o ponto de partida na próxima interação, seja onde for. As companhias aéreas são um bom exemplo de como trabalhar canais de forma integrada em tempo real. Uma passagem pode ser comprada via telefone, os assentos marcados pelo site, o check-in realizado via aplicativo móvel, a bagagem despachada com um atendente e a pesquisa de satisfação após o voo ser por mensagem de texto.
- **Autosserviço.** A sensação do momento são os assistentes virtuais e chatbots, com o papel de aumentar a automação, melhorar a experiência do cliente e reduzir custos. Um exemplo é a Nina, assistente virtual da Nuance que aproveita a compreensão da linguagem natural e capacidades de computação cognitiva para suportar diversas empresas nas mais variadas atividades, desde fazer uma movimentação no banco até pedir uma pizza, tudo de forma automática dentro de um chat ou conversando com uma URA.
- **Big Data.** Através do uso de estatística avançada em cima de grandes volumes de dados é possível prever, em tempo real, a abordagem mais adequada para cada cliente, combinando seu perfil, histórico de interações, contexto e localização. Há alguns anos, a Target foi capaz de descobrir que uma adolescente estava grávida antes mesmo de ela dar a notícia aos seus pais. Isso foi possível a partir da comparação do comportamento de compra e associação de sequência de consumo. Amazon, Facebook e Google são outros exemplos de sucesso na utilização de grandes massas de dados combinados com alta capacidade computacional para ter maior acurácia de predição e personalização.

- **Jornada do cliente.** É fundamental tornar mais fluído e natural o relacionamento com o consumidor. Para uma efetiva gestão da jornada do cliente, o ponto de partida é ouvir a "voz do cliente" e utilizar esse aprendizado na revisão de processos e melhoria contínua da experiência. Começa-se pelo cliente e trabalha-se de traz para frente, para eliminar atritos e melhorar sua experiência.

Estes conceitos se misturam e sua combinação é o caminho para conseguir cuidar do cliente de forma efetiva, tanto nos canais digitais, quanto no atendimento humano. Mas, como fica o papel do Call Center no meio dessa transformação?

A migração acelerada de interações para canais digitais reduz as chamadas recebidas, que passam a ter maior duração e maior complexidade. Com isso, o mercado exigirá mais investimentos em treinamentos e mão de obra mais qualificada para as centrais de atendimento. A tendência é elevar o nível de personalização e o Call Center oferecer atendimento distintivo que seja referência na satisfação do cliente e identificar oportunidades de vendas. Assim, o grande volume de interações migra para os canais digitais e o Call Center evolui para centros onde as empresas gerenciam a experiência geral do cliente e tratam dos casos mais complexos.

As armas estão expostas acima. Este é o momento de repensar sua estratégia para vencer a batalha pela experiência do seu cliente. O caminho é simples: cuide do seu cliente.

JOÃO PEDRO SANT'ANNA

jpedro.santanna@gmail.com

- É um executivo com 20 anos de experiência em marketing e CRM.
- É diretor de atendimento da Oi e professor no MBA de Marketing da FGV.
- Em 2017 recebeu o prêmio de Customer Service Leader of the Year pelo Stevie Awards.

Comentários do Autor Heverton Anunciação

SOBRE ESTE ARTIGO

Na antiguidade era comum o grito de guerra: "Os inimigos estão chegando, os inimigos estão chegando!"

Na atualidade, eu arriscaria dizer: os inimigos já chegaram e estão entre nós, e, em muitas vezes, dentro da própria empresa.

A reflexão do João toca numa ferida de que o local seguro não é mais dentro da fronteira da empresa esperando os inimigos chegarem. O novo campo de batalha é ir para o mercado e ouvir o que ele quer, mesmo que seja preciso reconstruir tudo novamente (empresa, produto, serviços etc.)

Os clientes também são voláteis e poderão atrair marcas e produtos, e nem todo cliente é interessante para toda empresa. O importante é que o relacionamento seja bom enquanto durar.

- **DICA**

  A empresa deve oferecer e resolver necessidades dos clientes, e não criar problema. Neste link você pode entender como ver a necessidade REAL do seu cliente – https://www.youtube.com/watch?v=14t3-ZwGjsE, dez. 2019.

- **CURIOSIDADE**

  Nem toda relação pode ser dolorosa, mas pode-se aplicar estratégia para que ambos ganhem. Neste link você verá: "Arte da Guerra no Relacionamento com o Cliente I" – https://www.linkedin.com/pulse/arte-da-guerra-relacionamento-com-o-cliente-luiz-carlos/, dez. 2019.

- **SUGESTÃO DE LEITURA COMPLEMENTAR**

  João Pedro Sant'Anna e a Revolução Digital na Oi
  – https://www.youtube.com/watch?v=WQPabs7fDeM, dez. 2019.

A inviolabilidade do uso indevido de informações nos **APARELHOS MÓVEIS**

Muito se tem falado e discutido nos dias atuais sobre medidas que possam proteger os usuários que navegam pela internet, das pessoas que se utilizam dos serviços como o Facebook, LinkedIn, e outras redes sociais, dos usuários que têm obrigatoriamente de se utilizar da internet para efetuar pagamentos de contas diversas, enviar e receber e-mails.

Hoje, já está sendo cada vez mais usual, que diversos cursos de graduação e de pós-graduação sejam assistidos via internet, através dos computadores e mais em voga, atualmente, dos tablets.

A sociedade está no momento conjugando esforços para buscar um entendimento comum para o marco regulatório para a internet, em que os direitos dos usuários sejam salvaguardados.

Entretanto, pouco se tem discutido sobre a proteção que o aparelho celular deve ser objeto. No Brasil, o número de aparelhos celulares supera o número de habitantes. Hoje, impensável uma pessoa não possuir um aparelho celular, seja apenas para telefonar ou enviar SMS, ou mesmo para usufruir de todas as comodidades que a internet pode oferecer para esses serviços.

Fruto desse avanço e da necessidade de estarmos conectados em tempo real, a título de exemplo, a política adotada por muitas empresas é a de fornecer celulares aos seus colaboradores com acesso à internet, para que essa comunicação seja mais eficaz, economizando tempo e dinheiro, tornando, assim, a vida de todos mais suave.

Nos dias atuais, temos a internet literalmente na palma da mão, podendo do nosso smartphone acessar a todo o momento a internet, as redes sociais, enviar e receber e-mails, efetuar os mais diversos pagamentos, pois os celulares estão equipados com os mais diversos tipos de aplicativos de bancos, empresas e instituições de crédito, e esses aplicativos são de fácil instalação, contando os mesmos com o serviço de *netbanking* que a internet oferece quando acessado de um computador.

A nossa vida está totalmente ligada ao uso do celular, estando em desuso a utilização das máquinas fotográficas e filmadoras, pois tiramos fotos e fazemos vídeos diretamente do nosso aparelho.

Armazenamos as nossas fotografias e vídeos no celular, arquivamos mensagens importantes, de cunho pessoal e profissional, os mais diversos contatos, e-mails e até mesmo comprovantes de pagamentos que se efetuam através dos aplicativos para celular.

E qual é a proteção nos dias atuais para o titular do aparelho, que teve os seus direitos à intimidade e à privacidade inviolados sem o seu consentimento? Há tipificação de ilícito penal para o violador? Poderá ser responsabilizado civilmente pelo acesso e uso indevido das informações?

Na vida moderna, a comunicação de dados se faz presente em várias situações. O sigilo das comunicações de dados é tema de grande relevo. Tais formas de comunicação assumem o lugar outrora reservado à comunicação postal (vulgo, por correio).

A Carta Magna, já no ano de 1988, trouxe conceitos inovadores para a época, no seu art. 5º, inc. XII, consagra a inviolabilidade do sigilo da correspondência e das comunicações telegráficas, de dados, e das comunicações telefônicas.

Nos idos dos anos 1980, ainda não tínhamos vivido o *boom* da internet, havia poucos e obsoletos aparelhos de computadores, não os ultramodernos notebooks, tablets e smartphones de última geração que surgem a cada dia.

Mesmo assim, a Constituição Federal de 1988 representou um grande avanço ao elencar no seu texto a proteção e a inviolabilidade a todo o tipo de comunicação.

Mas a comunicação de dados em geral não está à margem de qualquer proteção legal. Isto porque o legislador infraconstitucional, através da lei nº

9.296/96, incluiu o "fluxo de comunicações em sistemas de informática e telemática" como passível de interceptação, obedecidos os mesmos requisitos estabelecidos para as comunicações telefônicas, conforme se observa no parágrafo único do art. 1º da citada lei. Portanto, as comunicações de dados via internet e celulares gozam da proteção derivada de tal artigo de lei, de forma que somente podem ser violadas mediante prévia autorização judicial.

Problemática diversa diz respeito à violação da intimidade e da vida privada, constitucionalmente protegida pelo art. 5º, inciso X, da Carta Maior.

A lei nº 12.737, de 30 de novembro de 2012, dispõe sobre a tipificação criminal de delitos informáticos; altera o decreto-lei nº 2.848, de 7 de dezembro de 1940 — Código Penal; e dá outras providências. Basicamente, deixa claro que aquele que invadir dispositivo informático alheio, conectado ou não à rede de computadores, mediante violação indevida de mecanismo de segurança e com o intuito de obter, adulterar ou destruir dados ou informações sem autorização expressa ou tácita do titular do dispositivo ou instalar vulnerabilidades para obter vantagem ilícita, está sujeito à pena de detenção, de 3 (três) meses a 1 (um) ano e multa.

Nos casos de direito de família, e apenas a título ilustrativo, seria lícita a prova obtida por um dos cônjuges, sem o consentimento do outro, de informações pessoais armazenadas no aparelho celular em caso de separação ou divórcio? A jurisprudência certamente trará uma resposta para essas situações.

JOSÉ EDUARDO TAVOLIERI DE OLIVEIRA

jeduardo@tavolieri.com.br

- Especialista em Direito das Relações de Consumo PUC/SP, presidente da Comissão de Direito e Relações de Consumo da OAB SP.
- Integrante de Tavolieri de Oliveira Advogados Associados, com sede em São Paulo/SP

Comentários do Autor Heverton Anunciação
SOBRE ESTE ARTIGO

Será que a nova Lei Geral de Proteção de Dados (LGPD) trará organização ao mundo caótico do mal-uso das informações do cliente?

Há uma história de terror real em que uma grande editora mandou para uma criança de poucos anos uma revista de temas adultos de cortesia. Isso porque a editora era famosa na compra, troca ou permuta de bases de dados com outros parceiros, mas sem aplicar nenhum parâmetro à inteligência e/ou critérios de oferta e relevância ao cliente.

Talvez o José, neste artigo, já previa a necessidade dessa lei. É que, como os advogados sabem, o elo mais fraco da corrente do consumo, na maioria das vezes, ganha.

- **DICA**

  Muitas empresas rifavam sem controle dados dos seus clientes e prospects com quem fosse do seu interesse. Agora, o governo brasileiro criou a lei LGPD que você pode estudar melhor neste link – http://www.planalto.gov.br/ccivil_03/_ato2015-2018/2018/lei/L13709.htm, dez. 2019.

- **CURIOSIDADE**

  Assista qual pode ser o resultado por ser multada pelo PROCON nesta entrevista: "PROCON de São Paulo multa três empresas aéreas" – https://www.youtube.com/watch?v=eZwTziit3TQ, dez. 2019.

- **SUGESTÃO DE LEITURA COMPLEMENTAR**

  As Reclamações do Consumidor e as Redes Sociais
  – https://www.youtube.com/watch?v=ahMSr5PyJxQ, dez. 2019.

  Os Avanços do CDC no Mercado de Consumo Brasileiro
  – https://www.youtube.com/watch?v=rpCFZaQZaJI, dez. 2019.

Simplicidade no discurso e **DESAFIOS NA PRÁTICA**

Depois de complementar a minha experiência profissional em uma das principais Organizações Não Governamentais (ONGs) de Defesa do Consumidor no Brasil, o Instituto Brasileiro de Defesa do Consumidor (IDEC), pude aprender intensamente como as empresas deveriam se relacionar com seus clientes.

Convivendo com profissionais espetaculares que inclusive participaram da elaboração do texto do Código de Defesa do Consumidor (CDC), mergulhei nesse tema durante anos e adquiri uma clareza de todos os pontos fundamentais no relacionamento entre empresa e consumidor.

Sete anos depois, assumi um desafio profissional que sabia que não seria simples: parti para uma área de relacionamento com o cliente em uma empresa varejista. Mesmo conhecendo as diferenças fundamentais entre a iniciativa privada e o terceiro setor, imaginei que superaria os obstáculos de maneira tranquila, afinal, toda a teoria sobre a postura ideal de uma empresa em relação a seus clientes estava intrínseca no meu discurso e conhecimento.

E foi aí que as surpresas começaram... Passei a perceber o quanto a teoria e a prática estavam distantes e o quão difícil seria implementar tudo aquilo que as legislações nos obrigam e os posicionamentos de entidades de defesa do consumidor nos sugerem.

Para citar alguns exemplos, começo com um ponto que talvez eu possa eleger como um dos mais difíceis quando o assunto é essa integração entre teoria e prática: o treinamento. Não é raro ouvirmos especialistas dizerem o quanto a capacitação da equipe de Atendimento ao Cliente é fundamental para garantir um consumidor satisfeito. E ninguém, em sã consciência, é capaz de duvidar disso, embora os desafios para atingir esse patamar sejam enormes.

No momento de aplicar tudo aquilo que entendemos como ideal, percebemos o quanto esse exercício é árduo e perene. Isso porque temos que garantir conhecimento e envolvimento plenos dos nossos colaboradores em um setor que apresenta uma rotatividade imensa, em que a grande maioria dos profissionais vê aquela oportunidade apenas como um trampolim para poder crescer profissionalmente, o que é compreensível, e que a quantidade de vagas no mercado é imensamente grande, fazendo com que a mudança seja constante e com tempo curto de vínculo empregatício.

Outro ponto desafiador diz respeito à dificuldade em acompanhar, integrar e adaptar-se às mais diferentes legislações desse tema. Arrisco em dizer que uma vez por mês nos deparamos com uma nova lei relacionada a algum setor da nossa atividade varejista. Porém, quase que constantemente, elas são municipais ou, no máximo, estaduais, e nos obrigam a rever processos, redesenhar materiais, alterar layout de lojas, ou modelos de precificação, e, isso tudo, em um curto espaço de tempo. Além disso, a dificuldade está em, diante de uma empresa com lojas por várias regiões do Brasil, como garantimos todas essas obrigações legais regionalizadas e distintas.

Por fim, elejo mais um ponto polêmico diante dessa missão de aplicar no dia a dia aquilo que aprendemos nos discursos: os efeitos da judicialização no Brasil e a participação das ações de defesa do consumidor nesta conta. Como profissionais de relacionamento com o cliente sempre buscamos garantir a redução desses números — principalmente, porque queremos fidelizar o nosso público — e grande parte desse objetivo depende, sim, da nossa atuação e de nosso trabalho. Porém, temos uma parcela, mesmo que reduzida, de casos em que clientes e advogados se aproveitam dos conceitos básicos do CDC como a hipossuficiência e vulnerabilidade do consumidor e conseguem obter ganho de causa em ações desamparadas legalmente.

Ressalto, mais uma vez, que estamos falando de situações minoritárias e que não desobrigam as empresas a se dedicarem à solução do conflito de forma amigável. Porém, temos que estar atentos para garantir que essas exceções não comecem a virar regra, principalmente por estarmos em um país com momento econômico delicado e com desequilíbrio histórico.

A nossa atividade ganharia grandes resultados se tivéssemos alguns parceiros importantes ou se conseguíssemos no nosso dia a dia dar conta de alguns pontos cruciais. Começando por um treinamento estruturado e um modelo de reciclagem efetivo, considerando, inclusive, um plano de carreira para os profissionais de atendimento. Além disso, seria importante discutirmos alguma forma de unificar tantas legislações distintas e regionais e que atingem uma mesma empresa nas suas diferentes lojas pelos pais e que, muitas vezes, inviabilizam operações e prejudicam o próprio consumidor. Deixo aqui um pedido aos nossos juristas.

Por fim, a evolução e maturidade das empresas em seus processos internos certamente resultarão na diminuição da judicialização quando o assunto é defesa do consumidor, porém não podemos deixar de nos atentar a algumas inconsistências jurídicas arbitradas país afora.

Diante desses pontos, podemos concluir que a busca pelo atendimento ideal e pela fidelização do cliente deve ser constante e que sempre terá pontos a superar, independentemente de onde estivermos. Quanto mais diálogos forem estabelecidos entre as iniciativas privadas, governos, entidades civis e consumidores, mais alternativas viáveis serão propostas e conseguiremos uma evolução ainda mais efetiva. Aqueles que conseguirem estabelecer parcerias duradouras, superando esses e outros desafios e entregando esse valor ao seu consumidor, certamente, permanecerão na frente.

KARINA ALFANO

karina_alfano@hotmail.com

- É jornalista, pós-graduada em Comunicação Institucional. Tem mais de 10 anos de experiência na defesa do consumidor, entre organizações não governamentais e iniciativa privada. Gerencia atualmente uma equipe de mais de 80 pessoas entre backoffice, monitoramento de redes sociais, atendimento pessoal em loja, Ouvidoria, serviços financeiros de clientes e casos críticos, além de um contrato de prestação de serviço de contact center com posições de atendimento e televendas.

Comentários do Autor Heverton Anunciação

SOBRE ESTE ARTIGO

Na maioria das vezes, o mundo corporativo é dominado pelos homens. Exceto em uma área: Atendimento ao Cliente.

As mulheres dominam o mundo do Atendimento ao Cliente. Talvez porque elas são mais zelosas, pacientes e cuidadosas no trato com as pessoas.

O texto da Karina me faz pensar que o discurso franco que as mulheres almejam é algo que deve ser levado para dentro das empresas.

A empresa ou departamento que perde o "mimimi" ou melindre aprende e rapidamente se desenvolve. Após isso, vem a maturidade, e todos ganham.

O cliente agradece empresas que saem rapidamente da adolescência.

■ DICA

A empresa deve se colocar no lugar do cliente? Sim, isso mesmo. Neste link você entenderá como montar o "Mapa de Empatia no Processo de Atendimento ao Cliente" – https://www.youtube.com/watch?v=7lsKd9glXOs, dez. 2019.

O cliente sabe que algo pode dar errado, mas não o deixe falando sozinho. Veja neste link quando um cliente irritado quebra porta de agência bancária – https://www.youtube.com/watch?v=K3XEcOVcL18, dez. 2019.

■ CURIOSIDADE

Atendimento ao cliente – https://www.youtube.com/watch?v=7qZD2rAEAro.

■ SUGESTÃO DE LEITURA COMPLEMENTAR

Como Evitar Problemas com o PROCON?

– https://exame.abril.com.br/pme/como-evitar-problemas-com-o-procon/, dez. 2019.

O desafio de ouvir o cidadão NA ÁREA DA SAÚDE

A Ouvidoria constitui-se num instrumento para a melhoria dos serviços prestados, pois favorece a avaliação e o aprimoramento das atividades da instituição. A sua característica principal é a de ser o canal de comunicação entre os usuários dos serviços de saúde e a gestão.

Hoje temos inúmeros ensaios, reflexões, artigos, dentre outros, de nível mais científico que apresentam os desafios de Atendimento ao Cliente.

E quando falamos da área pública quem é esse cliente? Precisamos conceituá-lo melhor.

O atendimento ao cidadão é um processo complexo que envolve não apenas a forma de acolhimento, mas também uma estrutura que lhe garanta acessibilidade e privacidade. Não existe uma receita ideal, mas o bom atendimento faz diferença para qualquer instituição pública ou privada. A função de atender o cidadão exige respeito, qualificação, foco, comprometimento, domínio próprio e, principalmente, profissionalismo, ética, tolerância e imparcialidade. Portanto, há um grande desafio que faz a diferença no atendimento: a empatia. Um dos conceitos do estado de empatia, ou entendimento empático, consiste em perceber corretamente o marco de referência interno do outro com os significados e componentes emocionais que contém, como se fosse a outra pessoa, em outras palavras, colocar-se no lugar do outro, porém sem perder nunca essa condição de "como se fosse".

Quando o usuário do SUS busca o serviço de Ouvidoria, via de regra, é porque todos os outros canais de resolução do seu problema já foram esgotados. O atendimento a esse usuário deve ser acolhedor e respeitoso, mas acima de tudo, ele precisa ser ouvido. Ele é o responsável por apontar as mudanças necessárias nos serviços que estão sendo prestados. Essas mudanças chegam à administração por meio de críticas ou sugestões.

Do outro lado está o servidor, que conhece todo o funcionamento da instituição e, por consequência, todos os encaminhamentos que devem ser feitos de forma a solucionar o problema e/ou solicitação. Porém, se não conseguir se colocar no lugar do outro, o que vai lhe dar o verdadeiro dimensionamento do problema, o atendimento tem muitas probabilidades de não ser assertivo/satisfatório ao usuário. Quando conseguimos criar um estado de empatia com o demandante, a análise do que está sendo apresentado traz a satisfação esperada.

No SUS — Sistema Único de Saúde, como em qualquer outra instituição pública, existe um protocolo/legislação que regulamenta a esfera de responsabilidade e acesso dos serviços ofertados. Esse é outro desafio. Quando o usuário busca um serviço que não está sob sua esfera de responsabilidade, a recusa deve ser fundamentada na regulamentação do SUS, mas principalmente, deve ser apresentada ao usuário de forma muito clara apontando as outras formas de solucionar a questão apresentada.

É preciso ter em mente que vivemos numa época em que as instituições passam por mudanças cada vez mais constantes, seja de cunho político ou organizativo. Neste contexto, a valorização do atendimento ao cidadão é um dos diferenciais para se alcançar o sucesso com a proposta estabelecida. Porém, também é fato que esse diferencial é mais difícil de alcançar, na medida em que não depende de tecnologias, mas está ligado ao autodesenvolvimento, que envolve automotivação, autocontrole, capacidade de desenvolver habilidades nos relacionamentos e o estado de empatia acima já mencionado.

Outra ação importante que tem sido realizada com muita eficiência é a Ouvidoria Itinerante. Através dessa ação é possível divulgar as Ouvidorias existentes e informar aos usuários as formas de acessar tanto os serviços prestados como o próprio canal da Ouvidoria. É o que chamamos de levar a Ouvidoria até o cidadão.

Em experiências já realizadas de Ouvidoria Itinerante, no Paraná, é possível analisar sobre a utilização das Ouvidorias pelos usuários do SUS e discutir se esse mecanismo pode promover o aumento da participação desses usuários no que diz respeito ao atendimento e qualidade dos serviços prestados pela instituição. Nas ações já realizadas foi identificado que os problemas com o atendimento e acesso aos serviços de saúde são as causas fundamentais dos usuários procurarem as Ouvidorias.

Apesar disso, a participação da população na utilização dos serviços de Ouvidoria ainda é muito pequena e, quanto à resolutividade, o serviço de Ouvidoria não corresponde às expectativas de uma enorme parcela dos usuários. Ainda é necessário apropriar os cidadãos de seus direitos reivindicatórios com um canal de atendimento de excelência. Esse atendimento de excelência exige preparo profissional e emocional dos servidores que exercem a função de ouvidor, devendo contar com o perfil já acima descrito. Necessário, ainda, garantir a celeridade e resolutividade das manifestações recebidas. A construção de redes e parcerias com autonomia, em conjunto com a descentralização, vêm facilitar o desenvolvimento das ações das Ouvidorias públicas propiciando celeridade e resolutividade junto ao cidadão. Essa estratégia é um caminho a ser trilhado na perspectiva de constante melhoria do serviço público.

Finalmente, não podemos deixar de mencionar as redes sociais. É necessário o avanço dos serviços de Atendimento ao Cliente, administrando esses canais onde o usuário se manifesta e imediatamente dissemina à sociedade, o que exige uma resposta rápida. Já as Ouvidorias públicas que não avançarem nesse sentido correm o risco de desaparecer. As redes sociais potencializam as Ouvidorias, tornando o processo um caminho sem volta. Cada vez mais a sociedade está conectada exigindo qualidade e rapidez, e a Ouvidoria é o caminho para fortalecer a gestão.

OLIVA VASCONCELLOS

olivasc12@gmail.com

■ Socióloga, servidora pública, ouvidora-geral da Saúde do Paraná. Há 20 anos atuando na área de Controle e Participação Social.

Comentários do Autor Heverton Anunciação

SOBRE ESTE ARTIGO

E o desafio de atender bem no setor público? Será que é mais acomodado, como alguns poderiam pensar?

A Oliva fez-me pensar sobre esse desafio. Seja o setor privado ou público, há profissionais que buscam as métricas ideais para medir e melhorar.

Não há acomodação no setor de atendimento. Há órgãos governamentais com excelência no atendimento ao público, e isso deveria ser replicado para os demais.

- **DICA**

Veja neste link como a estratégia de uma empresa que focou no Atendimento ao Cliente de forma excepcional. "Talks | Atendimento ao Cliente de forma eficiente" – https://www.youtube.com/watch?v=r45R9AKJM4Q, dez. 2019.

- **CURIOSIDADE**

Não somente o setor privado, mas o público também deve oferecer ótimas experiências. Neste link, o governo Federal divulga pesquisa inédita sobre qualidade dos serviços públicos – http://www.planejamento.gov.br/noticias/governo-federal-divulga-pesquisa-inedita-sobre-qualidade-dos-servicos-publicos, dez. 2019..

- **SUGESTÃO DE LEITURA COMPLEMENTAR**

Quase 80% dos Municípios já Possuem Ouvidoria da Saúde – http://www.aen.pr.gov.br/modules/noticias/article.php?storyid=88690&tit=Quase-80-dos-municipios-ja-possuem-ouvidoria-da-saude, dez. 2019.

Atendimento
E CIDADANIA

Todo cidadão que busca uma central de atendimento tem, por expectativa, que ser bem atendido e, acima de tudo, que sua causa seja compreendida e resolvida. Quando será que alcançaremos no Brasil o devido respeito pelo cidadão? E olhe que não é por falta de regulamentos. Nas economias mais desenvolvidas, a regulamentação é mínima enquanto que o respeito ao consumidor é, indiscutivelmente, o máximo. Como cidadão, já recebi excelentes e maus atendimentos.

Recentemente, em viagem ao exterior, comprei um produto que não possuía nenhum lacre vedando o seu consumo. Passadas mais de duas semanas, dentro de uma empresa concorrente, constatei que me enganei com o produto comprado. De posse da nota fiscal, levei o produto ao balcão de vendas (sim, vendas, e não atendimento), e sem nenhum questionamento por parte da balconista, devolvi os produtos adquiridos equivocadamente e o valor pago foi creditado em meu cartão de crédito imediatamente.

Contrariamente, no Brasil, comprei uma TV e o máximo que obtive junto ao SAC e da Ouvidoria da empresa produtora do bem foi que me ouvissem, já que a resposta obtida, por telefone e por escrito, era totalmente contrária ao que se estabelece no CDC e que se constituía na minha expectativa. De posse desses documentos registrei uma reclamação em um dos sites abertos ao consumidor, esperando uma atitude diferente por parte da empresa, dada sua exposição junto à sociedade. A resposta foi a mesma. Busquei então o apoio do Procon e, com menos de um mês, recebi um telefonema do departamento jurídico da empresa reclamada informando que eu seria ressarcido do valor gasto com o produto, o que de fato ocorreu. Ou seja, foi mais um processo judicial aberto, sem necessidade.

Evidentemente, as decisões ou respostas dadas não foram de iniciativas dos atendentes (surpreende-me ainda mais o papel desempenhado pela Ouvidoria e contestado pelo Jurídico da mesma empresa). São respostas previamente elaboradas e transformadas em scripts para serem lidas, de responsabilidade integral dos gestores empresariais. Sem querer ser impositivo nas minhas conclusões, deduzo que a esses gestores pouco importa os custos financeiros com o departamento de atendimento ao cidadão e ao setor jurídico, pois, possivelmente, seus valores já estariam embutidos nos preços dos produtos. Por outro lado, no primeiro caso relatado, a satisfação do consumidor tem prioridade máxima e os custos, relacionados a um excelente serviço de atendimento são, praticamente, nulos.

Em ambos os casos o atendimento foi prestado, porém somente em um deles foi dada a atenção esperada, reconhecido o direito de arrependimento de compra, enquanto que no segundo, nem mesmo o vício de produto foi levado em conta nas diversas tratativas feitas com os atendentes do SAC e da Ouvidoria.

Além da presumida desconsideração com os custos associados ao atendimento, os gestores preocupados com a defesa da empresa a qualquer custo estariam pouco se importando com a fidelização do consumidor insatisfeito, deixando que ele busque alternativas de compra no mercado. Vejam que nem sempre procede uma reclamação do consumidor. Nesse caso, cumpre aos atendentes dispor de todas as informações necessárias para justificar claramente o ponto de vista da empresa, o que, igualmente, satisfaria a expectativa do consumidor.

Em se tratando de um mercado monopolista ou oligopolista, referida consequência deixa de ser um fator a ser levado em conta na fixação das políticas de venda da empresa. Mas mesmo assim, com a abertura do mercado consumidor a produtos importados semelhantes, decorrente da globalização, aumenta-se a disponibilidade do produto no mercado, levando o consumidor a explorar alternativas.

A pergunta que se faz é por que o comportamento dos empresários não se altera, dispõe-se no Brasil de vários instrumentos legais que incentivam a busca pelo equilíbrio nas relações de consumo, esclarecendo tanto os consumidores quanto os produtores de bens e serviços, inclusive com definições de sanções financeiras em caso de descumprimento. Novamente, deduzo que se trata de uma decisão interna da empresa em não se interessar pela satisfação do consumidor, no caso de reclamações. Ocorre que essa decisão vem contribuindo fortemente para o incremento no quantitativo de processos judiciais, alguns, improcedentes, enquanto que outros poderiam ter sido facilmente evitados. Enquanto isto, processos judiciais mais complexos, frutos da extensão da corrupção no Brasil, acumulam-se nas diversas instâncias, retardando decisões clamadas por toda a sociedade.

Decorridos mais de 30 anos desde a promulgação do CDC, a sociedade brasileira continua perdendo tempo ao buscar leis complementares, sem discutir, fortemente, o lado psicológico e financeiro que leva os gestores empresariais a sacrificar o bom serviço de atendimento ao cidadão. Tem-se, aqui, um papel de suma importância a ser ocupado pelas Ouvidorias Organizacionais, desde que devidamente reconhecidas internamente, trabalhando junto aos SACs na análise e inclusão de dados voltados para assessorar os gestores com vistas à tomada de decisão sobre a qualidade de atendimento.

Fica a impressão de que esse reconhecimento interno sobre o papel da Ouvidoria também decorre de uma estratégia política da empresa em seguir suas prioridades, desconhecendo os direitos do consumidor brasileiro.

JOSÉ CARLOS FERREIRA

fferreirajj@gmail.com

- PhD em Economia, pela Universidade de Vanderbilt — EEUU, concluído em 1977, professor da Universidade Federal do Ceará (1974-1987), funcionário de carreira do IPEA (1987-2012), National Officer no PNUD, escritório de Brasília (1989-1996),
- Funcionário da Organização Internacional do Trabalho — OIT (1996-2009), tendo trabalhado nos escritórios de Lima, no Peru; Genebra, na Suíça e Brasília,
- Chefe de gabinete da presidência da ANAC (2009- 2011) e, recentemente, Ouvidor nomeado por decreto na ANAC (2011-2013), reconduzido para cumprir um segundo mandato até 2015.

Comentários do Autor Heverton Anunciação

SOBRE ESTE ARTIGO

A partir do artigo do José, coloquei-me ao lado das empresas brasileiras. O desafio dos impostos, a luta em ensinar aos consumidores a inteligência da gestão financeira e consumo, bem como de lidar com novos canais de contatos acompanhando as tecnologias.

O governo brasileiro tem, aos poucos, tentado levar ensino de educação financeira para as escolas, o que, obrigatoriamente, deveria envolver matérias de consumo.

As redes sociais potencializaram as vozes dos consumidores, mas ainda assim não reverteu em inteligência de consumo.

Porém, estamos dando o primeiro passo. Uma coisa é certa, quando todos utilizarem as mesmas ferramentas, as relações de consumo serão benéficas e justas para ambos os lados, consumidores e empresas.

- **DICA**

Uma área ideal de atendimento deve observar não somente produtos e serviços ofertados, mas entender o comportamento do seu público e mercado. Neste link pode-se assistir a 10 documentários que ajudam a entender o consumo – https://www.meubolsoemdia.com.br/Materias/10-documentarios-que-ajudam-a-entender-o-consumo, dez. 2019.

- **CURIOSIDADE**

Nas últimas décadas, o Brasil tem mudado sua forma de comprar ou contratar serviço, este link mostra como os brasileiros estão mudando os hábitos de consumo e pesquisando mais os preços – https://www.bcb.gov.br/detalhenoticia/326/noticia, dez. 2019..

- **SUGESTÃO DE LEITURA COMPLEMENTAR**

A ERA DO DIÁLOGO — Companhias Aéreas

– https://www.youtube.com/watch?v=K0wQiIxSaFE, dez. 2019..

Os desafios do Social CRM
PARA A PRÓXIMA DÉCADA

O Customer Relationship Management ou Gestão do Relacionamento com o Cliente tomou emprestado o "Social" da Social Media para criar a disciplina Social CRM. Mais do que o mesmo trabalho realizado via plataformas de redes sociais, como Facebook, Instagram e Twitter, a nova disciplina pressupõe desafios interessantes que se consolidarão na próxima década. Estes desafios vão além de adaptar práticas já comuns em Call Centers ou serviços já estabelecidos de Atendimento ao Consumidor. São eles:

1. Automação no Atendimento ao Consumidor

A plataforma de bots do Facebook Messenger surgiu em abril de 2016. Em 6 meses, 33 mil bots foram criados para empresas como Cacau Show, Dotz, Vivo, Banco Original, Tommy Hilfiger, Burberry, entre outras. São cerca de 40 mil desenvolvedores em todo o mundo trabalhando com o código do Messenger para a criação de todo tipo de experiência baseada em bots: de Atendimento ao Consumidor a verdadeiros substitutos dos sites e serviços de assinatura de informações.

Os assistentes pessoais ou robôs de texto, vêm dominando todas as plataformas: Google, Twitter e Skype. No momento que você está lendo esse livro, sua atenção está sendo disputada por aplicativos de mensagens instantâneas como Facebook Messenger, WhatsApp, Skype, entre outros. Segundo estudo da Deloitte (2016), as mensagens instantâneas saltaram de 29% (2014) para 35% (2016), ganhando de redes sociais (12%) e do e-mail (22%) na preferência e atenção do consumidor global. A familiaridade do consumidor com as mensagens de texto abriu caminho para as novas interfaces de voz como Alexa e Google Home.

Apenas o Alexa, que é vendido como um suporte físico de mesa, que conversa com você, já teve 8 milhões de unidades comercializados nos EUA. Espera-se que os assistentes de voz cheguem a 24 milhões de lares americanos nos próximos anos.

O impacto de texto e voz no Atendimento ao Consumidor será colossal. Em março de 2017, a Amazon silenciosamente integrou o Alexa ao seu software na nuvem para Atendimento ao Consumidor. Novas possibilidades estão sendo abertas para a automação total e irrestrita do Atendimento ao Consumidor por voz, em moldes similares ao atendimento por texto. Com o uso de inteligência artificial bots e assistentes de voz aprendem com as interações e ficam cada vez melhores.

Os bots, e não as redes sociais, vão matar e enterrar definitivamente o telefone. Quem, em sã consciência, vai decorar sequência de números para falar com uma marca em 2025? Talvez o mesmo número de pessoas que usem um telefone com teclado de disco hoje. A voz continuará sendo um canal importante, mas por outros meios que não a linha telefônica.

2. SAC como Plataforma de Marketing

Como gerar 16 mil *retweets* e impactar 18 milhões de pessoas em algumas horas. Se você pensou em mídia paga, errou. Uma marca que vende hambúrgueres aqui no Brasil fez um atendimento no Twitter com um cliente que possui apenas 385 seguidores. O post de atendimento orgânico gerou em poucas horas 16 mil *retweets*, impactando 18 milhões de pessoas, o alcance potencial de todos os seguidores somados.

É difícil tirar o SAC 2.0 da caixinha do Atendimento ao Consumidor. Durante muito tempo, o atendimento ao consumidor foi pensado como uma área menor e menos relevante, uma despesa obrigatória para as empresas. O que mudou nos últimos anos? O SAC ainda é o “saco de pancada” de muitas marcas, cujos consumidores insatisfeitos recorrem em massa aos canais de atendimento para gestão de frustrações pós-compra. Porém, o SAC 2.0 mudou num aspecto essencial: hoje, todas as conversações marca/consumidor são realizadas num ambiente público. Ou seja, reclamações pós-compra de uns é a informação pré-compra de futuros consumidores. Apagar posts negativos? Não, resolva em público e ganhe pontos por ser uma marca que se preocupa e é transparente. O resultado é que essas conversas, que até o começo deste século chamávamos de SAC, são o novo marketing. Um marketing no qual marcas não têm medo de conversar em público com seus consumidores. Neste novo cenário, derrubar as paredes de Marketing e SAC é um movimento essencial para a sobrevivência de qualquer empresa.

3. Relacionamento com consumidores-influenciadores

Fundada em 1948 por Earl Tupper, a Tupperware inaugurou a era do marketing em mídias sociais muito antes da invenção do computador pessoal, da internet e do smartphone. As *Tupperware parties* eram o equivalente no mundo atual aos grupos e páginas do Facebook ou aos influenciadores do Twitter e Instagram. Nessas festas, promovidas sempre por uma popular dona de casa, várias amigas e conhecidas compareciam para bater papo, comer quitutes e, de quebra, conhecer os produtos da Tupperware.

Enquanto muitos profissionais de marketing ainda hoje desenvolvem projetos de mídia social com a cabeça em mídia de massa (fazendo cinema com cabeça de diretor de teatro, como costumamos dizer na E.life), a diretora de marketing da Tupperware, Brownie Wise, já nos anos 1950 tinha percebido o valor do marketing distribuído e a relevância dos chamados *micro-influencers*.

Além de recrutar as donas de casas mais influentes em sua região, Brownie, ela própria uma mulher muito comunicativa e influente, premiava as que tinham melhor desempenho, promovendo festas Tupperware exclusivas e as convidando para uma tarde de muita diversão, troca de experiências, comidas e bebidas. Eram as chamadas *jubilee parties* que existem até hoje.

Ao longo dos anos, muitas outras marcas adaptaram esse modelo de promoção e vendas diretas: a Avon, a Natura Brasil, mais recentemente o Clube do Livro da apresentadora de TV Oprah Winfrey e a loja de vinhos WineShop at Home, para citar alguns exemplos.

As plataformas de mídias sociais (particularmente o Facebook, Instagram, Twitter, LinkedIn e Snapchat) permitem implementar esse tipo de estratégia em uma escala muito maior do que no passado.

Inicialmente é preciso encontrar os influenciadores. Para isso, as marcas vão usar sua própria base de consumidores do Social CRM e outras bases digitais. Depois da descoberta, seguimos com o primeiro contato através do e-mail, mensagem direta ou mesmo telefone (se disponível), de acordo com um plano prévio de ativação. Finalmente, chega-se na fase de incentivo, em que os influenciadores mais engajados são recompensados pela marca. No caso da Tupperware, as influenciadoras que mais geravam vendas eram convidadas para as festas *jubilee*. Uma marca de vinhos pode enviar uma garrafa de vinho a cada semestre ou vouchers para provas; uma marca de maquiagens poderá identificar micromomentos (balada, aniversário, casamento) e convidar os *hubs* para aplicar maquiagem grátis. As possibilidades só se limitam a nossa imaginação.

Encerrado o primeiro ciclo completo, é hora de fazer uma avaliação dos resultados e colher aprendizados. Algumas das perguntas que precisam ser respondidas:

- Qual foi o total geral de acordo com os KPIs previamente definidos (alcance, engajamento, vendas etc)?
- Quais mensagens e incentivos tiveram melhor aceitação?
- Quais os influenciadores que mais se engajaram ou que foram mais receptivos? E dentre eles, quais geraram mais resultados?

Após essa avaliação, a equipe está pronta para retomar o processo do início: mantendo o contato com o grupo inicial que segue interessado e expandindo a busca por novos consumidores que possam potencialmente vir a se juntar ao grupo.

A visão de longo prazo é ter centenas ou mesmo milhares de pessoas que formem um grande exército de evangelizadores para a sua marca e aumentem seu alcance orgânico.

4. Personalização ao Extremo

Mesmo que a automação seja uma tendência forte no marketing e na comunicação e principalmente no SAC 2.0, uma tendência oposta também se fortalece, a da personalização. Hoje o consumidor, em canais online ou pelo telefone, espera muito mais do que ser chamado pelo nome, mas que o operador do outro lado conheça seus hábitos de consumo e saiba quais os momentos e razões que ele se relacionou com a marca. A tecnologia evoluiu muito nos últimos anos para ajudar as empresas que querem desenvolver um relacionamento personalizado com o consumidor.

Uma das tecnologias que mais evoluíram neste sentido é o Social Login. O Social Login é o login provido pelas redes sociais como Facebook e Twitter. Ao fazer o login numa dessas redes, dependendo do tipo de permissão, o consumidor transfere à rede social (e à marca) várias informações importantes como nome, data de nascimento, gostos e preferências. Isso permite, por exemplo, que um bot da Americanas.com possa te sugerir um produto da franquia *Stranger Things* simplesmente porque você deu *like* numa página brasileira da série. Ou seja, apesar da automação crescente, a personalização ao extremo é uma promessa.

ALESSANDRO LIMA
albali@elife.com.br

- É fundador e CEO do Grupo E.life, especializado em Inteligência, Comunicação e Gestão do Relacionamento em Redes Sociais para empresas do Brasil, América Latina e Europa.
- Mestre em Comunicação pela Escola de Comunicações e Artes (ECA) da Universidade de São Paulo (USP), estudou a comunicação interpessoal online através das redes sociais. É jornalista, autor de livros e palestrante internacional sobre comunicação digital.

Comentários do Autor Heverton Anunciação

SOBRE ESTE ARTIGO

O Alessandro e o seu time são um dos pioneiros a estudarem e lançarem soluções para o atendimento profissional nas redes sociais.

Muito do conhecimento público disponível nas redes sociais ainda é inexplorado pelas empresas, tornando verdadeira a frase de que a informação é o novo petróleo.

Entretanto, o quanto as empresas estão prontas para ir tão fundo assim para encontrar riquezas, seja nos hábitos ou perfis dos internautas?

O novo perfil do profissional de atendimento vai ser catapultado para o analítico, e claro, novas ferramentas complementarão para dar a tão sonhada visão 360° de um cliente. Isso sem precisar dar 5 ou 10 alt+tabs no teclado para analisar um único cliente.

■ DICA

Imagine a empresa ter um robô que pesquisa na internet o que estão falando dela ou de seus produtos? Sim, há tecnologias para isso. Neste link veja como configurar o monitoramento no Buzzmonitor – https://www.youtube.com/watch?v=3xcY8LW3ph4, dez. 2019.

■ CURIOSIDADE

O profissional de atendimento hoje é multicanal e multiskill. Neste link você entenderá um pouco mais de como fazer um gerenciamento de redes sociais: "Minitreinamento | Dicas e Ferramentas para suas Mídias Sociais" – https://www.youtube.com/watch?v=F0VDx14Qta4, dez. 2019.

■ SUGESTÃO DE LEITURA COMPLEMENTAR

INOVAR nas Mídias Sociais com Luciano Andrade e Alessandro Barbosa Lima – https://www.youtube.com/watch?v=SyNHs7f45CI, dez. 2019.

E.life Social CRM – https://elife.com.br/index.php/2018/04/27/e-life-social-crm-se-consolida-como-consultoria-de-gestao-de-relacionamento-e-se-prepara-para-o-novo-desafio-dos-bots-de-voz-em-2018/, dez. 2019.

A experiência
TE DIFERENCIARÁ

Você, leitor, já reparou que antes de entrar em contato com qualquer empresa faz uma boa pesquisa online sobre potenciais soluções para a necessidade que possui? Portanto, podemos dizer que os métodos convencionais estão ficando para trás.

O consumidor de hoje é muito mais crítico, bem-informado e frequentemente conhece o produto e a concorrência até melhor que alguns vendedores, além disso, dificilmente aceitará ou mesmo se contentar com um produto só porque um profissional de vendas diz que é uma boa escolha. Lembre-se que esse consumidor, não está mais necessariamente buscando por produtos. Sua grande vontade é encontrar soluções disponíveis para suas demandas, de forma rápida e prática.

Este consumidor busca nas marcas uma excelente experiência, que é construída pela somatória dos pontos de contato desse consumidor com o produto/serviço e é resultante da vivência de situações que estão voltadas para os sentidos, para o sentimento e para a mente. Criar sensações não tem nada a ver com entreter os consumidores, mas com envolvê-los.

Estamos vivendo a realidade do acesso e não mais da aquisição, é só refletirmos sobre o elevado índice de adeptos ao Netflix, Spotify e diversos apps que estão disponíveis a um custo baixo ou com até 100% de gratuidade, para sabermos que precisamos mudar nossas posturas diante dessa realidade.

"Dizem que o que procuramos é um sentido para a vida". Quando Joseph Campbell, um estudioso de mitologia, nascido em 1904, escreveu essa frase, talvez ele nem pudesse imaginar que hoje o que procuramos são experiências que nos façam sentir, perceber, pensar, agir e nos relacionar com as marcas. Se isso passou pela cabeça dele quando ensinava que a busca da felicidade está dentro de nós mesmos e sustentava que a vida é composta de valores opostos dentro de uma mesma realidade e, portanto, deveríamos valorizar a experiência, podemos considerá-lo um gênio visionário, porque boas experiências é exatamente o que buscamos quando adquirimos produtos/serviços. Será muito mais fácil fidelizar através da emoção, a capacidade de surpreender e emocionar clientes, fornecedores, colaboradores e parceiros passa a ser um diferencial competitivo ímpar para qualquer estratégia sustentável no longo prazo.

De acordo com o estudo *Millennial Survey* (*Pesquisa Millennial,* em tradução livre) publicado anualmente pela Deloitte, as empresas de hoje devem focar-se nas pessoas e no propósito do seu negócio e não apenas nos produtos e no lucro. Essas e outras evidências sugerem que as empresas, especialmente as dos mercados desenvolvidos, terão que realizar profundas mudanças para atrair e reter os talentos do futuro.

A mensagem é clara: "quando pensam nos seus objetivos de carreira, os *millennials* mostram-se hoje tão interessados em saber como as empresas desenvolvem as suas pessoas e contribuem para a sociedade, como nos seus produtos e lucros", afirma Barry Salzberg, CEO da Deloitte Global. "Estes resultados devem ser vistos como um sinal para a comunidade empresarial, particularmente dos mercados desenvolvidos, de que é necessário alterar a forma como se relaciona com os talentos da geração *Millennials* ou corre o risco de ficar para trás."

Seguindo essa linha, o Grupo AM3, mudou-se para uma sede 100% sustentável, construída em cima de três árvores, em meio a muito verde. Em toda a obra utilizamos material reaproveitado e ecologicamente correto. Os vidros foram adquiridos em agências bancárias que fecharam e toda a decoração foi feita com reaproveitamento de material. O telhado é de piaçava e para completar a beleza dessa visão 360º para a natureza, no piso mesclamos vidros e madeiras, isso nos permite apreciar também a vegetação sob os nossos pés.

Para quem desejar (clientes internos, externos, prestadores de serviços, fornecedores, parceiros e consultores associados), disponibilizamos mantinhas e pantufas no inverno, afinal estamos em cima de árvores, portanto faz mais frio. Entretanto, em dias quentes, podemos trabalhar como nos sentimos melhor, com chinelos e bermudas, a qualquer hora do dia ou da noite.

Além disso, servimos uma tradicional broa de fubá e chás com ervas colhidas em nossa horta, inclusive plantamos gengibre pensando nos nossos consultores que utilizam muito a voz, ministrando palestras e treinamentos ora nas empresas contratantes ou nessa maravilha de lugar.

Enquanto produtos e serviços estão virando commodities, as experiências são únicas, e, por isso, não tem preço.

O envolvimento emocional que se estabelece com o consumidor pode ser muito elevado, desde que a relevância da marca valorize a experiência que se vive com ela. Fim!

ANA MARIA MOREIRA MONTEIRO

anamaria@grupoam3.com.br

- CEO do Grupo AM3

Comentários do Autor Heverton Anunciação

SOBRE ESTE ARTIGO

As pessoas que trabalharam com a Ana Maria nunca foram mais as mesmas depois dessa experiência. Elas aprenderam a se relacionar e amar as pessoas, seja com suas qualidades ou defeitos.

A simpatia que emana da Ana é comprovada em sua equipe que busca avançar o ambiente de um trabalho que é sempre envolto pela pressão por melhores resultados e qualidade.

Daí, o artigo da Ana me fez questionar: "será que é justo toda uma empresa colocar nas costas da operação de atendimento a salvação do que está errado na empresa?"

Sim, sabemos de histórias de clientes que ainda não abandonaram determinada empresa por gostarem do atendimento, mesmo o produto ou serviço não ser tão ideal.

A empresa é como uma corrida de bastão, cada área passando o bastão para a próxima. O problema é que o produto tem que levar em conta a experiência da área de atendimento.

- **DICA**

  O Social CRM é complementar ao CRM tradicional. Logo, você tem que saber unir todos os canais, e isso pode se iniciar pela aula deste link: "Painel – Estratégias para medir e avaliar a experiência do cliente nas plataformas de mídia social" – https://www.youtube.com/watch?v=qVHX_ym5IEM, dez. 2019.

- **CURIOSIDADE**

  "Como melhorar a experiência do cliente por meio do atendimento?" – https://www.youtube.com/watch?v=aPmDJCugrA0, dez. 2019.

- **SUGESTÃO DE LEITURA COMPLEMENTAR**

  Grupo Am3 – 24 Anos de História e Sucesso – Ponto de Contato – *JustTV*

  – https://www.youtube.com/watch?v=XPuLxisd6V4, dez. 2019.

O Cientista de Dados
E SEUS DEMÔNIOS

Qual a importância dos relacionamentos na sua vida? Relacionamentos se dividem em muitas instâncias: pessoal, familiar, profissional, acadêmica, comercial, enfim, a lista é grande. Mas como isso afeta as decisões que temos que tomar diariamente? Nossas decisões refletem o que somos, e a forma com a qual nos relacionamos com o outro. Esse processo tem uma relação direta com o grau de importância que atribuímos as partes envolvidas e as emoções ligadas a elas. Nesse sentido, os estímulos que recebemos estabelecem um diálogo direto com o nosso repertório particular, um movimento interno de associações ligadas à nossa história e personalidade, traduzidas em sensações, um tema até então um tanto quanto subjetivo e não mensurável. Pois bem, até então, porque hoje isso já não é mais imponderável.

Faça um teste, procure no Google por um freezer vertical de 140 litros e em seguida entre em um dicionário na web para pesquisar o significado da palavra "parco", você provavelmente vai encontrar ao lado da definição: "que tem comedimento nas despesas ou no que consome; que evita os excessos" e uma oferta do freezer piscando na aba lateral do dicionário online. Essa aba nada mais é do que um espaço publicitário do Google Network, também conhecido como rede de display do Google. Um verdadeiro playground para o Cientista de Dados.

Ao longo da minha trajetória me deparei com muitos dilemas, e sempre me apoiei nos números para resolvê-los, desde a definição do melhor público para oferecer uma taxa de juros reduzida estimulando o financiamento, passando pelo mapeamento de pacientes com maior probabilidade de abandonar o tratamento de uma doença crônica, até a definição de ofertas para incluir uma nova categoria de consumo em um *cluster* de varejo com perfil de uso de produtos saudáveis. Desafios complexos, mas apaixonantes, que demonstram o espectro de atuação que um profissional dessa área pode ter; isso também pode ser observado pela busca de qualificados nos mais diversos segmentos.

Uma mensagem importante que gostaria de deixar para o jovem aprendiz de Data Science é a de que o mundo, mais do que nunca, é digital. As implicações dessa afirmação já são óbvias, e não preciso me deter explicando isso, mas aquele que pretende entrar no mercado de trabalho por essa porta PRECISA dominar as disciplinas de web analytics, search engines, social mídia, mobile marketing, além das já exigidas, estatística básica, banco de dados e raciocínio lógico.

Todavia, o poder dos dados nos faz pensar nos limites éticos de suas aplicações, e para ilustrar melhor meu ponto, vou me valer do argumento central do livro de Yuval Noah Harari, *Homo Deus*: “no futuro não haverá mais livre arbítrio.”

Trata-se de uma provocação poderosa, baseada nas evidências de que estamos próximos do estágio no qual teremos conhecimento biotecnológico para criar algoritmos que compreendam os humanos melhor que eles podem entender a si próprios. Harari cita como exemplo as possibilidades associadas ao já bastante explorado caso da Amazon e seu algoritmo de recomendação de produtos *next best offer*; se conectássemos um Kindle a um software de reconhecimento facial ou a sensores biométricos no seu corpo, estaríamos muito perto de mapear o impacto emocional exato de cada sentença que você leria no livro. Com esse conhecimento, o mercado seria capaz de manipulá-lo numa extensão muito maior do que poderíamos imaginar.

E por que escrever um artigo tão ligado aos processos cognitivos? Simplesmente porque na sociedade do capitalismo digital os estímulos ocorrem em altíssima velocidade, e nos afetam sem nos darmos conta, afinal, na *world wide web* temos à nossa disposição toda a sorte de assuntos que afetam nossas vidas, incluindo o consumo de produtos e serviços desnecessários que impactam diretamente o esgotamento de recursos desse espaço que habitamos.

Por esse motivo, aproveitei a oportunidade para dividir algumas reflexões de um profissional de Customer Intelligence ligado intrinsecamente a questões da natureza humana, e decidi concluir esse artigo com uma provocação aos cientistas de dados e aspirantes, um convite a reflexão sobre o papel desses profissionais na construção de uma sociedade menos "market oriented" e mais "human real needs oriented". É possível?

WALDINEI GUIMARÃES

waldinei.guimaraes@gmail.com

- Executivo de Marketing Analítico com experiência profissional e acadêmica voltada para CRM e Business Intelligence, tendo atuado nos últimos 22 anos em empresas líderes nos segmentos financeiro, farmacêutico e varejo: Credicard, Itaú, Novartis, Grupo Pão de Açúcar e Serasa Experian.
- Formado em Marketing pela Universidade Mackenzie, com MBA na FEA e mestrado na PUC-SP.

Comentários do Autor Heverton Anunciação
SOBRE ESTE ARTIGO

Quando li o título deste artigo do Waldinei, pensei: que título maravilhoso! Ele resumiu toda a minha experiência de dados nos últimos 20 anos.

É assustadora a desorganização dos dados das empresas. Eu já vi empresas terem todos os sistemas e transações sendo trabalhados em mainframe etc., mas a alma de venda ser controlada por um banco de dados MS Access ou um simples Excel.

Daí, depois de um tempo, as áreas de marketing e TI devem fazer milagres para juntar tudo isso e encontrar a tão sonhada visão de 360° do cliente.

O profissional de governança de dados, ou até poderemos chamá-lo de cientista de dados será considerada sim, a profissão mais sexy do século.

Mas a qual custo ou cabeças isso acontecerá? Nós estaremos vivos para ver?

- **DICA**

O governante ou curador dos dados corporativos deve facilitar sua disseminação e uso, para isso é importante ser um facilitador. E isto é explicado melhor neste link: "Implementing Successful Data Strategies – Developing Organizational Readiness and Framework" (*Implementação de Estratégias de Dados Bem-sucedidas – Desenvolvimento de Estrutura e Prontidão Organizacional,* em tradução livre) – https://www.youtube.com/watch?v=d9TYiWU2WJk, dez. 2019. (conteúdo em inglês)

- **CURIOSIDADE**

Quer se tornar um especialista em dados? Neste link você pode começar a aula. Episódio 1 – Cientista de dados, por onde começar? – https://www.youtube.com/watch?v=NmCuEgkVLWo, dez. 2019.

- **SUGESTÃO DE LEITURA COMPLEMENTAR**

Governança de Dados — Sua Importância para as Organizações – https://www.youtube.com/watch?v=64Cy3Dd83ek, dez. 2019.

A 3ª Geração do Marketing de **RELACIONAMENTO**

A evolução do marketing de relacionamento e os desafios impostos aos seus profissionais.

Marketing de relacionamento não é um assunto novo. Desde o fim dos anos 1980 quando surgiu, ganhou relevância e sua primeira notoriedade. O tema vem sendo aplicado por empresas e seus profissionais de marketing nas suas decisões de negócios e, por acadêmicos, em estudos e publicações. E assim, como outros assuntos de marketing evoluem, o marketing de relacionamento também evolui constantemente — aprimorando e mudando conceitos, práticas e suas ferramentas de trabalho.

Classifico essas mudanças como gerações do marketing de relacionamento. A primeira geração abordava o tema como uma mudança de visão estratégica: a importância de olhar o negócio sob o ponto de vista do cliente. De estruturar as decisões de marketing não com base no portfólio de produtos, mas no portfólio de clientes. Entendendo que clientes não formam uma massa uniforme chamada público-alvo.

Foi uma revolução no pensamento da época propor enxergar clientes como pessoas diferentes, com perfis demográficos e de consumo específicos e que, por conta disso, poderiam ser segmentados e agrupados por semelhança, criando *clusters* — grupos de clientes — e desenvolvendo um conjunto de ações de marketing específico.

A bandeira da primeira geração do marketing de relacionamento era acabar com a visão do marketing de massa para um público-alvo genérico, propondo ações mais específicas de marketing para cada grupo de cliente identificado. Ou seja, ao invés de um conjunto de ações de marketing, vários conjuntos de ações de marketing dirigido. Um para cada grupo de clientes, respeitando suas necessidades e desejos, seus perfis e hábitos.

Customização era a palavra de ordem. Ajustando produtos e serviços, e criando novos, para cada grupo de clientes relevante. O marketing de relacionamento da primeira geração foi uma abordagem mais conceitual e estratégica, que caminhava em linha com o desenvolvimento do pensamento de marketing da época, que visualizava no trabalho dirigido um meio para satisfazer clientes com mais eficiência.

CRM

Apesar de valorizar a importância da identificação de clientes, na primeira geração as informações de clientes eram difíceis de serem levantadas e monitoradas. Muitas decisões a respeito da classificação de clientes vinham de indicadores e indicativos que norteavam o grupo a qual cada cliente faria parte. Faltava ao marketing de relacionamento soluções tecnológicas que possibilitassem um acompanhamento e monitoração de clientes em tempo real, com integração das informações de banco de dados de cliente com a base de dados de produto, serviços e operações em geral.

Esta limitação foi reduzida com o advento e proliferação das soluções de CRM durante os anos 1990 e com forte desenvolvimento na parte final da década e início dos anos 2000. E assim foi possível associar um cadastro a um pedido, uma entrega e um faturamento. Tornou-se possível, com alto grau de facilidade, emitir um 'extrato' do cliente — apresentando relatórios administrativos da interação do cliente com a organização e vice-versa. O CRM fez surgir a segunda geração do marketing de relacionamento. A geração do marketing além do dirigido, capaz de ser individualizado.

Além disso, o CRM tornou possível atuar taticamente nos clientes. Operar ações de marketing mais personalizadas, estudar a performance de cada cliente e influir nesse resultado por meio de ações mais específicas, sejam de marketing direto mirando *cross-selling* e *up-selling*, sejam de relacionamento aproximando-se dos clientes e reconhecendo-os em função da sua importância para o negócio. O marketing de relacionamento da segunda geração foi uma abordagem tática, de ações operacionais mensuráveis a partir do estudo de oportunidades no banco de dados.

É dessa geração que fazem parte a maioria dos profissionais de marketing de relacionamento, atuantes hoje, no mercado. São profissionais com a visão estratégica da primeira geração capazes de propor táticas de marketing com as ferramentas da segunda geração. São os profissionais — eu incluído — que transformaram uma abordagem inicialmente conceitual do marketing de relacionamento em ferramenta, com método de trabalho, planejamento de ações e mensurabilidade.

Redes de clientes

Na segunda geração, a defesa dos investimentos em marketing de relacionamento era baseada em obter uma melhor performance transacional do cliente. Em outras palavras, trabalhar os clientes para eles comprarem mais. O termo *share of wallet*, que significa participação em vendas na carteira do cliente, sinaliza bem essa busca por resultados financeiros e tangíveis.

Ainda hoje é isso que norteia as decisões de investimentos, porém, um segundo aspecto — que sempre foi tratado como consequência do trabalho — a manutenção da reputação junto aos clientes em função da maior proximidade e relação com eles, tornou-se muito relevante a partir de meados da primeira década do novo milênio.

Com a transformação da internet em mídia social, a web 2.0, surgiu um canal de comunicação independente de clientes para outros clientes. O que aumentou exponencialmente a capacidade de cada cliente em disseminar informações e opiniões a respeito de marcas e empresas, influenciando a performance comercial de produtos e a sua reputação. Com a mídia social os clientes podem com mais facilidade relacionar entre si e formar redes virtuais — as comunidades — atendendo-se, trocando informações e gerando conteúdo novo. E tudo à margem das organizações.

Para praticar marketing de relacionamento no momento atual não basta só adotar as ferramentas da segunda geração. É preciso conseguir identificar e gerenciar, na medida do possível, os clientes que se organizam em rede e lideram esse movimento junto aos pares. Esta é a missão atual do profissional de marketing de relacionamento: criar e aplicar métodos de gestão da rede de relacionamento que não tem a empresa como *hub*, como centro controlador da operação.

Terceira geração

A terceira geração do marketing de relacionamento tem foco de trabalho nas relações que os clientes desenvolvem com outros clientes. Em como conseguir monitorar esse movimento, atender os clientes organizados em redes e estimular ações colaborativas com eles.

E, esclarecendo, quando cito redes, não me refiro só às redes sociais virtuais. A internet facilita o surgimento de grupos de usuários e a sua busca, porém, grupos de usuários que se organizam em rede sempre existiram. Sejam formais como em clubes, associações e entidades, ou informais, como em qualquer grupo de amigos ou colegas que se reúnem para compartilhar afinidades. São os chamados, pela segunda geração, de *stakeholders* — o público influenciador. Público que aumentou mais sua importância, pois se organiza cada vez mais em rede, que se conecta e mantém relações usando as ferramentas da mídia social.

Para acompanhar todas essas mudanças, o profissional de marketing de relacionamento precisa, continuamente, atualizar suas competências. E isso tem sido um desafio para muitos profissionais da segunda geração. E ao mesmo tempo uma grande oportunidade de carreira para os novos profissionais de marketing de relacionamento, que melhor compreendem as redes, pois são nativos das redes sociais virtuais e usuários delas.

Assim como diversos outros assuntos de marketing e da administração, que evoluem e passam por transformações, o marketing de relacionamento chega a sua terceira década assumindo um propósito mais complexo e desafiador: compreender e monitorar as redes de relacionamento e seu impacto na reputação; atender, prestar serviços e influenciar os integrantes da rede; estimular a geração de conteúdo; e captar o conteúdo colaborativo gerado para servir de base à inovação na organização, nos produtos, nos serviços e na operação.

Colegas, bem-vindos aos desafios da terceira geração. É sempre assim. E parafraseando o velho ditado: "quando a gente pensa que sabe as respostas vem a competitividade e muda as perguntas".

MARCELO MIYASHITA

marcelo@consultoriademarketing.com.br

- É um dos principais nomes do marketing no Brasil. Em 2015 entrou para o Hall da Fama da Academia Brasileira de Marketing. De 2007 a 2011 recebeu o título de Marketing Expert e em 2006 recebeu o Prêmio Marketing Best — concedido pelas principais organizações que promovem o marketing no país: Editora Referência (que edita o Jornal *PropMkt* e a Revista *Marketing*), MadiaMundoMarketing e FGV-EAESP.
- É palestrante e diretor da Miyashita Consulting, consultoria e treinamento que desde 2003 formou mais de 6 mil profissionais em mais de 350 edições de cursos executivos e treinamentos empresariais. Tem 20 anos de carreira acadêmica como professor em cursos de pós-graduação e MBA.
- Leciona na FIA – Fundação Instituto de Administração, Madia Marketing School e Faculdade Damásio. É pós-graduado pela ESPM e publicitário pela Cásper Líbero, onde também lecionou por 15 anos. É também colunista em publicações segmentadas e também foi colaborador no programa *Comercial & Cia*, da rádio BandNews FM.

Comentários do Autor Heverton Anunciação
SOBRE ESTE ARTIGO

O Marcelo é um dos professores e profissionais mais atuante no CRM do país, principalmente no setor de serviços.

Uma vez ele sentenciou: “você deve ser lembrado na mente e no coração do cliente quando ele pensar no que o cliente procura.”

A minha questão é: a sua marca, produto ou serviço está entre as três primeiras opções na mente de um cliente ou prospect?

Nas relações B2B ou B2C não podemos esquecer que sempre há pessoas envolvidas, bem como uma experiência que tenha menos ou mais esforço, mais empatia ou apenas visão no lucro. As pessoas decoram experiências, e não apenas produtos.

- **DICA**

Neste link, o Marcelo ensina de forma ideal como a empresa pode lidar e aprender com seus clientes – http://www.miyashita.com.br/artigos/, dez. 2019.

- **CURIOSIDADE**

Assista à entrevista com o Marcelo e o que tem feito sucesso nas empresas em “Como fazer Marketing de Relacionamento” – https://www.youtube.com/watch?v=uz37BTVxE60, dez. 2019.

- **SUGESTÃO DE LEITURA COMPLEMENTAR**

A 3a Geração do Marketing de Relacionamento
– https://www.youtube.com/watch?v=NMaXxqrYuvw, dez. 2019.

Por que o Atendimento ao
CLIENTE NÃO BASTA

– EUA*

Qual foi seu último slogan de Atendimento ao Cliente? "O cliente tem sempre razão", "O cliente vem em primeiro lugar", ou que tal este: "O ano do cliente." Recentemente, palestrei em uma conferência cujo tema foi esse. Todo ano não deve ser o ano do cliente? Os gerentes leram todos os livros (ou pelo menos os compraram).

Eles prometeram fidelidade ao cliente em slogans e discursos, mas seu serviço permanece medíocre, na melhor das hipóteses. Então, o que está acontecendo?

A maioria dos esforços cria a atitude certa, mas não parece se concretizar em nenhuma ação. O sucesso vem da ação, não das boas intenções. Os melhores não ficam falando o que devem ou vão fazer, eles simplesmente fazem. E é simples assim.

Prestar um ótimo serviço ao cliente não é difícil. Basta entregar o que você promete, ser legal, criar sistemas para que seu pessoal possa entregar o que é necessário e agir do jeito certo... veja que é simples.

Mas aqui está a realidade: vejo três níveis de serviço sendo entregues. Esses três são: rude, indiferente e excepcional. Desses três, qual você mais

* Nota: este artigo é uma tradução da versão original "*Why Customer Service is Not Enough*".

recebe? Voto no indiferente. Aqui está uma das minhas experiências recentes com o serviço indiferente.

Ao alugar um carro, o agente de Atendimento ao Cliente copiou o contrato de aluguel, disse-me como encontrar o carro e o número da vaga, e depois disse: "obrigado, senhor."

Errado, já que sou uma "senhora". Melhor ainda, por que não usar: "Obrigado, sra. Ford"? A distorção indicava um serviço indiferente e mecânico.

A maioria das organizações é muito boa em abordar clientes, poucas se destacam em atendê-los e satisfazê-los. Estou falando de todos os membros das equipes, e não apenas daqueles do "Atendimento ao Cliente". Somos abordados o tempo todo.

Vá ao banco e pense na experiência — você consegue o que deseja, o que precisa. No entanto, aconteceu alguma coisa que deixou uma impressão positiva, que o fidelizaria?

Quando foi a última vez que você ouviu seu agente de seguros apenas para fazer o check-in e agradecer pelos últimos anos de pagamentos rápidos de prêmios?

Ainda estou esperando essa ligação. Agora é hora de pensar na experiência que seu cliente tem ao lidar com seus negócios. Você o aborda ou atende? O que acontece quando uma ligação é atendida, um visitante se aproxima da empresa, o cliente usa seu site ou aplicativo?

A maioria se orgulha de prestar um ótimo serviço, mas acho que todo serviço precisa ser aprimorado.

Então, o que os clientes querem? Estou certa de que a lista pode ser bastante extensa, mas aqui estão minhas quatro primeiras suposições:

1. Os clientes querem que você os ouça. Mostre respeito por eles. Ouça suas necessidades particulares (mesmo que se pareçam com as outras 22 que ouviu no mesmo dia).

2. Os clientes querem que você mostre que os conhece pessoal e individualmente.
3. Os clientes querem que você preste atenção aos detalhes. Use seu nome, ligue de volta quando prometido, escolha seu idioma com cuidado e crie uma experiência por ser apaixonado pelo Atendimento ao Cliente!
4. Os clientes querem que você preze pelo tempo e pelo dinheiro deles. Você não está fazendo um favor a eles. Eles é que estão fazendo um favor a você — não se esqueça.

Como você sabe, o segredo é que os membros certos da equipe estejam empolgados em oferecer um ótimo serviço. A equipe é a linha de frente do seu hotel, portanto ela precisa estar engajada. Para que isso aconteça, designe um dos líderes do departamento como o campeão do serviço;

Todo mundo precisa se responsabilizar pelos esforços de serviço em seu departamento. Aqui estão os processos pelos quais o campeão precisa se responsabilizar:

- Fazer contratações inteligentes para começar;
- Treinar de acordo com seus padrões de serviço;
- Recompensar grandes atos de serviço;
- Capacitar os membros da equipe para fazer a coisa certa em nome do hóspede;
- Falar sobre o serviço nas reuniões da equipe.

As melhores práticas estão constantemente sendo aprimoradas.

Passe a estudar as empresas que estão acertando — ligue para a Zappos.com e surpreenda-se com seu atendimento personalizado e entusiasmado. Já mencionei tudo o que uma pessoa de verdade que atende o telefone é capaz de fazer.

Encontre um colega segurado pela USA e pergunte sobre suas experiências de serviço. Vá a algum Four Seasons Hotel preparado para fazer anotações. O segredo é a execução. Você conhece a maioria dessas abordagens. É hora de implementá-las.

Um serviço excepcional e satisfatório é crucial para criar clientes fiéis. Todo mundo fala sobre criar uma ótima experiência para o cliente.

Avalie seus negócios e pense se você não só fala sobre um serviço memorável, mas se realmente o entrega.

Os melhores conseguem isso simplesmente fazendo o que é necessário para criar clientes fiéis. Atender ao cliente NÃO é suficiente, o objetivo é satisfazê-lo.

LISA FORD

Ford Group, Inc. www.lisaford.com

- Lisa Ford palestra há mais de 20 anos para empresas, associações e para o governo. Ela atua nos Estados Unidos e em todo o mundo falando sobre tópicos relacionados a Atendimento ao Cliente, liderança, problemas de equipe e mudanças. Lisa é mais conhecida por seu trabalho sobre o Atendimento ao Cliente.
- É criadora da série de fitas de vídeo ***How to Give Exceptional Customer Service*** (*Como Oferece um Atendimento Excepcional ao Cliente*, em tradução livre), a mais vendida nos EUA há mais de 3 anos sobre o tema. Seus outros vídeos e fitas de áudio incluem os temas desenvolvimento de um programa de retenção de clientes e a construção de uma organização voltada para o cliente: a função e o poder pessoal do gerente.
- O último livro que publicou foi ***Exceptional Customer Service Going Beyond Good Service to Exceed the Customer's Expectations (Atendimento ao Cliente Excepcional que vai Além do Bom Atendimento para Superar as Expectativas do Cliente,*** em tradução livre). Lisa produz conteúdo personalizado para seu público e os problemas que enfrentam. Também personalizou vários vídeos para os clientes usarem em seus esforços contínuos de educação.
- A experiência de Lisa inclui seu trabalho com a Pfizer, Viacom, Edward Jones, CSX, Kaiser Permanente, Morton de Chicago, Citgo, American Gas Association, American Diabetes Association e American Veterinary Medical Association. Em 2002, entrou para o Hall da Fama dos Palestrantes pela National Speakers Association. É uma das 200 palestrantes que são homenageadas há mais de 30 anos. Ela também é membro do Conselho da Faculdade de Artes e Ciências da Universidade do Tennessee.

Comentários do Autor Heverton Anunciação
SOBRE ESTE ARTIGO

Eu sempre gostei de pesquisar o comportamento dos consumidores, além dos seres humanos em outras questões sociais.

Em um casamento, a maioria dos divórcios acontece porque um parou de escutar o outro. E olhe que muitos terminam se amando, apenas pararam de se escutar.

Daí eles iniciam novos relacionamentos, e o mesmo acontece. Assim, vão buscando novos fornecedores de amor até que encontrem quem os escute.

Será que isso não vale também para a relação empresa e clientes?

Será que muitas empresas não estão sendo abandonadas por pararem de ouvir?

- **DICA**

Neste link a renomada Lisa mostra como ajudar empresas no melhor atendimento. "Helping companies build a Customer-Focused Culture" (*Ajudando as Empresas a Construir uma Cultura Focada no Cliente*, em tradução livre) – https://lisaford.com/, dez. 2019.

- **CURIOSIDADE**

Nesta palestra a Lisa mostra como é um serviço de excelência. "Servicio Excepcional al Cliente con Lisa Ford" – https://www.youtube.com/watch?v=A7iGQjvvf00, dez. 2019.

- **SUGESTÃO DE LEITURA COMPLEMENTAR**

Lisa Ford Cómo tratar con Clientes Difíciles
– https://www.youtube.com/watch?v=7-GUaja7p1o, dez. 2019.

Gestão da Qualidade do ATENDIMENTO AO CLIENTE

– Portugal*

Por que é importante saber como gerenciar (e não apenas como medir) a qualidade?

O mundo está mudando, e mudando rapidamente. A maneira como as pessoas se comunicam está mudando.

A maneira como pensam e raciocinam está mudando. A maneira como tomam decisões de compra está mudando. Os motivos que levam os clientes a permanecer fiéis a uma empresa ou a mudar para outra estão mudando.

As empresas não podem mais se contentar em meramente satisfazer os clientes. Clientes satisfeitos são clientes neutros. Clientes satisfeitos são clientes que não têm reclamações.

Clientes sem reclamações não são clientes fiéis. Clientes satisfeitos são clientes vulneráveis. Clientes satisfeitos deixam a empresa assim que a concorrência lhes oferecem melhores condições.

As empresas não podem mais se contentar em meramente satisfazer os clientes. As empresas precisam converter seus clientes em fãs. Fãs que se orgulham da empresa e que são verdadeiros embaixadores da marca. Fãs que são promotores da empresa.

---

* Nota: este artigo é uma tradução da versão original *Customer Service Quality Management.*

Um cliente não é fiel só porque assinou um contrato de fidelização. Um cliente é fiel quando não é obrigado a nada e, ainda assim, prefere permanecer com a empresa.

O cliente fiel não é aquele que escolhe a empresa mais barata. O cliente fiel é aquele que escolhe a empresa na qual mais confia.

Dito isso, você tem certeza de que sua empresa está construindo um fã-clube ou apenas se certificando de não ter clientes insatisfeitos? Quais instrumentos você está usando para medir isso? Quais ferramentas e processos está usando para converter seus clientes em fãs?

A nova abordagem à gestão da qualidade

Um novo mundo, com novos requisitos, requer uma nova abordagem à gestão da qualidade. Antes de tudo, é importante esclarecer a diferença entre medir e gerenciar a qualidade:

- Medir a qualidade: equivale à observação passiva. Apresenta o "quê";
- Gerenciar a qualidade: equivale à pesquisa ativa. Encontra o "por quê" e o "como".

10 pontos que seu processo de gestão da qualidade precisa levar em consideração

- **Causas e consequências**: o processo de gestão da qualidade viabiliza a identificação da causa raiz na origem dos resultados observados. Para identificá-la, você deve segmentar todos os resultados de acordo com suas dimensões elementares. Por exemplo, segmentar por tipos de clientes, por produtos, por serviços, por funcionários etc.
- **Amostras**: o tamanho da amostra deve ser representativo dos universos cujos comportamentos você pretende investigar. Aprenda tudo o que puder sobre amostras aleatórias versus amostras estratificadas, margens de erro, intervalos de confiança, frequência, grades de avaliação e scripts de pesquisa, casos de simulação etc.

- **Correções e replicações**: não são apenas os problemas que devem ser eliminados. O processo de gestão da qualidade também deve lhe fazer reconhecer o que está funcionando muito bem, para que possa ser replicado.
- **Tomada de ação**: a investigação deve terminar apenas quando forem identificadas as ações corretivas a serem implementadas para cada oportunidade de melhoria. Cada ação corretiva deve ter um responsável determinado e um plano de implementação. A implementação de cada ação corretiva deve ser monitorada de perto. Os resultados obtidos devem ser reavaliados da perspectiva do ciclo de melhoria contínua.
- **Soberania do cliente**: assegure-se de que seu processo de gestão da qualidade seja alimentado pela qualidade percebida pelo cliente, não apenas pelas KPIs internas. Identifique a melhor maneira de obter *feedback* do cliente. Quando é o melhor momento para obtê-lo? Qual é o melhor canal para obtê-lo? Quais são as perguntas mais importantes que deve fazer para obtê-lo?
- **Descubra e exceda as expectativas**: faça uma reflexão interna sobre quais são seus objetivos de atendimento ao cliente. Se seu objetivo é atender às expectativas de seus clientes, basta avaliar o grau de conformidade com os parâmetros predefinidos. No entanto, se deseja excedê-las e surpreender seus clientes, o processo de gestão da qualidade terá que ajudar a identificar as expectativas básicas de seus clientes, além das características dos produtos adquiridos ou dos serviços contratados.
- **Personalização**: os clientes não são todos iguais. Pelo contrário, os clientes são todos diferentes. Não faz sentido usar os mesmos critérios de avaliação para um cliente doméstico e um comercial, certo? Mas também não faz sentido usar os mesmos critérios de avaliação para um cliente que prefere preço e para outro que prefere qualidade. Verifique o que é mais importante para cada um dos seus segmentos de clientes e meça-o.

- **Experiência omnichannel**: a experiência do cliente não é mais uma experiência de canal único. O processo de gestão da qualidade deve permitir avaliar a qualidade do serviço em cada interação individual, em cada canal, bem como a percepção da qualidade pelo cliente ao final de toda a sua experiência com o serviço.
- **Ambiente multicultural e poliglota**: vivemos em um mundo globalizado. Nossos clientes são cada vez mais diversificados e heterogêneos. Têm origens diferentes. Falam idiomas diferentes. Têm sotaques diferentes. Vêm de culturas diferentes. Têm crenças diferentes. Convicções diferentes. Valores diferentes. Evite que sua avaliação de qualidade seja influenciada por seu quadro de referência. Abrace as diferenças.
- **Painel de controle 360º**: certifique-se de apresentar os resultados em um formato gráfico e fácil de ler. Explore todo o potencial das ferramentas de BI. Faça uma pesquisa detalhada de informações, com visão global, através das múltiplas desagregações possíveis, das ações corretivas correspondentes e do status de cada plano de implementação.

Use as informações para contar uma história!:

- Comece com "onde estamos";
- Explique o "porquê" e o "como chegamos aqui";
- Lembre "como queremos chegar lá";
- Compartilhe "o que temos que fazer" e "quem o fará e quando";
- Diga também "o que já estamos fazendo" e "o que já fizemos e quais foram os resultados".

O processo de monitoramento da qualidade

O sucesso de todo o processo depende da robustez do processo de monitoramento da qualidade. Tenha cuidado com o que você mede e como o faz. Todo o processo depende da qualidade das medições. Uma má medição, é claro, contaminará negativamente todo o processo de gestão da qualidade. Você não olhará para onde deve…

Um processo de monitoramento da qualidade de 360º deve contemplar quatro perspectivas: visão quantitativa, visão qualitativa, perspectiva interna e perspectiva do cliente. Certifique-se de que as ferramentas usadas para monitorar a qualidade ofereçam essa visão de 360º.

Existem várias ferramentas disponíveis para esse fim: KPIs quantitativas, KPIs qualitativas, Mistery Shopping, simulação de chamadas, gravação de chamadas, monitoramento por carta/fax/e-mail/bate-papo/redes sociais, monitoramento de tarefas, análise de áudio, análise de escrita, análise de vídeo, gestão de reclamações, gestão de sugestões, pesquisa com clientes, painéis de clientes, grupos de foco, feedback de funcionários etc.

No entanto, o fator crítico do sucesso não são as ferramentas escolhidas, mas a maneira como são configuradas e utilizadas.

RUI SANTOS

rui.santos@inpar.pt

- Partner da InPar – In Partnership Business Consulting (Desde 2008)
- Presidente da AproCS – Associação de Profissionais de Customer Service (Desde 2007)
- Keynote Speaker frequente em Conferências e Seminários realizados em Portugal e em outros países, por organizações como a APCC, Frost & Sullivan, IDC, IFE, IQPC e Jacob Fleming
- Colaboração pontual como docente convidado na Universidade Católica de Lisboa, ISCTE-IUL, Universidade Nova de Lisboa, LISS – Lusófona Information System School, UAL Business School, Univ. Europeia e ISEG
- Diretor de serviço a clientes na TMN (1990–1998), Grupo Oni (1998–2002) e Portugal Telecom (2002–2007)
- Pós-graduado em Marketing pelo ISCTE-IUL
- Pós-graduado em Gestão pelo INSEAD / Fontainbleau Licenciado em Engenharia pelo IST
- Estudante de Arte e Design na Escola de Artes António Arroio

Comentários do Autor Heverton Anunciação
SOBRE ESTE ARTIGO

Quando, por iniciativa própria, eu resolvi estudar e me certificar em qualidade ISO 9000 em 1985 não saberia que seria tão importante para a minha carreira. É que antes mesmo de atuar com atendimento, eu entendi a preocupação e objetivo das normas ISO.

Qualidade percebida pelo cliente é algo tão importante quanto a qualidade percebida que a empresa oferece.

Qual é a diferença? É que em 1985 a qualidade era focada no produto, e agora, quase 3 décadas depois, o consumidor quer qualidade da experiência e dos processos.

Daí eu deixo a pergunta para a sua empresa avaliar: a sua empresa foca mais em qual dessas qualidades? Ou deveria ser em ambas?

- **DICA**

  Se uma crise acontecesse hoje com um de seus produtos, a sua empresa estaria pronta? Neste link entenda como é um gerenciamento de crise: "6 dicas valiosas para reter clientes" – https://resultadosdigitais.com.br/blog/gerenciamento-crise-6-dicas-reter-clientes/, dez. 2019..

- **CURIOSIDADE**

  Veja como é uma política de treinamento focado na qualidade no vídeo: "Atendimento com Qualidade" – https://www.youtube.com/watch?v=VpermkIl14M, dez. 2019.

- **SUGESTÃO DE LEITURA COMPLEMENTAR**

  Cinco Maneiras de Gerir o Serviço de Atendimento ao Cliente no E-commerce

  – https://pt.shopify.com/blog/53026885-5-maneiras-de-gerir-o-servico-de-atendimento-ao-cliente-no-e-commerce, dez. 2019.

Experiência do Cliente – **INTELIGÊNCIA EMOCIONAL**

– Peru*

De acordo com javiermegias.com, a experiência do cliente está relacionada às suas emoções e a como se sente ao interagir com nossa empresa. Nosso objetivo é oferecer um produto ou serviço, e, com ele, facilitar uma experiência, tornando-a memorável. Harley Davidson ilustra perfeitamente isso: “nós vendemos um estilo, um sentimento de vida. As bicicletas grátis”.

Iván Vázquez, gerente de marketing da LATAM na QuestionPro, diz: “Atualmente, podemos dizer que a capacidade de uma marca de oferecer uma boa experiência aos clientes é, por si só, uma vantagem competitiva.”

CE ou CX [da sigla em inglês], a experiência do cliente é sua percepção sobre quando interage com uma empresa; portanto, é a maneira como o cérebro, no caso, a parte límbica, recebe e interpreta estímulos sensoriais que chegam através dos sentidos para formar uma impressão consciente da realidade física do ambiente (neocórtex).

---

* Nota: este artigo é uma tradução da versão original Customer Experience – Emotionally Intelligent.

Imagem - customer experience - fonte site Freepik

De acordo com o Pure Marketing, gerenciar a experiência do cliente envolve a compreensão de suas emoções, e isso tem um motivo primordial. A transação gera emoções como: alegria, preocupação, surpresa, frustração, tristeza, medo, insegurança e incerteza; ou seja, tudo o que sentimos diariamente como usuários. Esse fato é importante porque não nos lembramos em detalhes de uma transação, mas não nos esquecemos de como nos sentimos naquele momento. Com base nisso, decidimos continuar ou não essa relação, e recomendá-la ou não.

Pela nossa experiência, as empresas atendem às expectativas, mas não as excedem. Don Peppers e Martha Rogers, em seu livro *Extreme Trust* (*Confiança Extrema,* em tradução livre), destacam os elementos que impactam positivamente a experiência do cliente, como "confio neles", "eles facilitam tudo para mim", "sou grato", ou, "eles realmente se importam comigo".

Certamente, os clientes vivenciam experiências diferentes ao interagir com uma marca ou empresa, porque, ao usar o produto ou serviço, podem controlar ou não a transação, mas não controlam o impacto emocional gerado em todos os pontos de contato digital e presencial.

Então, a pergunta que surge da vivência é: como controlar ou planejar a experiência de um cliente do ponto de vista emocional? Bem, tornando-o emocionalmente inteligente. Naturalmente, é sempre mais fácil dizer do que fazer, mas fazer a coisa certa e se dedicar a fazê-la, às vezes, bastante, sempre vale a pena.

Do meu ponto de vista, a solução é estrutural, impacta o modelo de negócios e, portanto, impacta igualmente a proposta de valor da marca. Se assumirmos que a solução transacional é, de maneira geral, uma razão entre qualidade e preço (até nove maneiras de atender à matriz qualidade-preço), o espaço da relação pode ser muito grande ou muito pequeno, mas de maneira alguma deve ser um obstáculo para planejar o impacto emocional baseado nessa relação. Aqui, o segredo é tornar a proposta de valor patente e, por que não, comunicá-la aos clientes, de maneira a gerenciar as expectativas e, portanto, o impacto emocional do produto oriundo da transação.

Em termos operacionais, recomendo começar revisando o setor com a ferramenta conhecida como as Cinco Forças de Porter. Depois, avalie o modelo de negócios vigente com uma ferramenta como o Osterwalder Canvas, que ajuda a revisar e a reconsiderar o negócio de uma perspectiva integral e didática, tomando como premissa a orientação para o cliente ou para um segmento de clientes. Em seguida, faça um *benchmarking* da relação preço/qualidade com sua competência, definindo o ponto de partida para a transparência da relação e, portanto, a proposta ao cliente. Destaco que não é apenas uma questão de forma, mas principalmente de arcabouço, conteúdo e proposta de valor, a partir dos quais o mesmo cliente escolhe o nível de serviço e, portanto, seu nível de expectativas, e gerencia a própria dissonância cognitiva (teoria de Festinger). Assim, deixando nas mãos do cliente as decisões finais, as responsabilidades, bem como as expectativas de satisfação, são compartilhadas entre o cliente e a empresa. Tudo isso em um contexto de extrema confiança e transparência ao fazer a coisa certa e bem-feita.

A arquitetura das interações é a ferramenta que operacionaliza a transferência do novo arcabouço para a nova forma de lidar com os clientes. Ela identifica os pontos de contato e tarefas ou funções que respaldarão os momentos tangíveis. É fundamental "ser inteligente", ou seja, planejar as experiências mágicas com o cliente e impedir, neutralizar, aplacar e diminuir as experiências infelizes, dando "o poder e a coparticipação" ao cliente, para que decida o nível de serviço e, portanto, o preço a pagar. É certo que haverá atrito nas relações com os clientes, mas basta oferecer opção para minimizá-los. Automaticamente, o NPS (Net Promoter Score) aumentará, e podemos provar isso quando gerenciarmos detratores, indiferentes e até promotores da marca.

Finalmente, não é menos verdade que é hora de desenvolver uma experiência do cliente inteligente, mas ao mesmo tempo lucrativa. Aqui estão as etapas para implementar uma CX lucrativa:

- **Alinhamento do conceito.** A empresa deve alinhar os principais conceitos, começando pela análise do modelo de negócios e sua adaptação às novas condições de mercado. Uma boa ferramenta é o Canvas Osterwalder, já citado;
- **Método para evitar a estagnação da intenção.** Uma metodologia de suporte para entender e monitorar o cliente como fórmula IDIP.
- **Pontos de contato e experiência do cliente.** Na arquitetura das interações, implemente pontos de contato com clientes online e offline.
- **Lacunas e oportunidades.** Identifique lacunas na qualidade do serviço e na experiência do cliente no nível do processo, na mesma tecnologia, na atitude e na aptidão dos colaboradores, e na cultura corporativa. Uma ferramenta complementar é o mapa da empatia e o mapa da jornada.
- **Iniciativas de melhoria.** Os projetos de melhoria são propostos para suprir as lacunas e aproveitar as oportunidades de melhoria. Uma ferramenta simples é a priorização e a recuperação de cada projeto em termos de tempo e dificuldade de implementação.
- **Segmentação e diferenciação.** Clientes diferentes demandam tratamento diferente. Classificá-los por RFM (reincidência, frequência e quantidade) é um bom começo. Mas o fundamental é monitorar o desempenho.
- **Estratégias e políticas de relacionamento.** A definição dos planos de cada segmento com seus respectivos orçamentos com base na análise de custo-benefício.
- **Roteiro do projeto.** Defina e implemente projetos de melhoria, funções, responsabilidades, software, gerenciamento de mudanças, processos, centro de Atendimento ao Cliente e redes sociais.

- **Métricas de gerenciamento (KPI).** Identifique os objetivos estratégicos focados nos clientes. Objetivos-causa, como o grau de recomendação de um segmento de clientes, a taxa de perda de clientes, a migração de escala, o engajamento, entre outros.
- **Inovação digital e seu impacto no modelo de negócios.** A transformação digital tem quebrado os paradigmas impostos pelas regras convencionais de negócios. Voltamos ao primeiro ponto para alinhar conceitos e monitorar o modelo de negócios, a fim de não perder competitividade.

JOSÉ CARLOS YAMAGOSHI WANG

josecarlosy@icloud.com

■ É diretor da Sociedade Ibero-Americana de CRM — SIACRM, presidente da Associação Peruana de CRM — APCRM, diretor do mestrado em Inteligência de Clientes da Escola de Pós-Graduação da UTP — Intercorp. É CEO da Interaction Business Consulting, Business Adviser e International Lecturer em assuntos como fidelidade e engajamento, gestão de clientes e proposta de valor com base na experiência do cliente.

Comentários do Autor Heverton Anunciação

SOBRE ESTE ARTIGO

Desde o surgimento do tema Inteligência Emocional (depois vieram Inteligência Sexual e Financeira), o mundo está passando por uma necessidade real de busca de aprimoramento de essências e base saudável para um longo prazo.

O artigo do José Carlos comprova uma coisa: o perfil do profissional de atendimento deve ter um índice QE (Inteligência Emocional) altíssimo. Isso porque é esse QE que os clientes esperam que uma empresa empregue na relação.

A empresa inteira deve ser simpática, mesmo que não seja perfeita. Não importa o canal de contato, desde a recepção até o mais sofisticado *chatbot*.

- **DICA**

O Brasil tem exportado e importado excelentes práticas de Atendimento ao Cliente. Assista o que o Peru e a Argentina tem feito neste link "Desayunando con Hugo Brunetta", Asociación Peruana de CRM – https://www.youtube.com/watch?v=awRI9tryxoA, dez. 2019.

- **CURIOSIDADE**

Neste link você poderá acompanhar o que tem sido feito no nosso setor no Peru. "Asociación Peruana de CRM (APCRM)" – http://www.apcrm.org/, dez. 2019.

- **SUGESTÃO DE LEITURA COMPLEMENTAR**

Invitación a la Maestría de Customer Intelligence de la UTP
– https://www.youtube.com/watch?v=sjNBnKLEoZY, dez. 2019.

Clientes de Hoje exigem Serviços **SOB SEUS TERMOS**

– Estados Unidos*

Pode parecer que os clientes de hoje são mais exigentes. Mas isso não é necessariamente ruim, e há uma boa razão para isso. Os clientes são mais inteligentes e têm expectativas mais altas do que nunca. Afinal, nós os ensinamos a tê-las!

O Atendimento ao Cliente ganhou destaque — as empresas prometem um excelente serviço e competem por prêmios cujos concorrentes são a nata da nata. Agora, os clientes sabem como um excelente atendimento deve ser e o esperam de todas as empresas com as quais fazem negócios. Você não é só comparado a seu concorrente direto, mas também a todos os outros setores. O Atendimento ao Cliente de uma empresa de manufatura pode ser comparado à experiência recente de um cliente em um hotel, restaurante ou loja de varejo, portanto, a necessidade de oferecer um serviço de alto nível é cada vez maior.

E ele é oferecido de várias formas. Obviamente, há interações pessoais, mas o bom atendimento ao cliente também precisa de um suporte básico, o que inclui não deixar os clientes esperando por muito tempo e responder rapidamente a e-mails e postagens nas redes sociais. As melhores empresas sabem o quanto é importante ter representantes de suporte sagazes e prestativos, treinados para responder perguntas, resolver problemas e criar confiança com o cliente.

---

* Nota: este artigo é uma tradução da versão original Today’s Customers Demand Service on Their Terms.

Podemos dizer que os clientes estão mais poderosos do que nunca. Alguns consumidores que entendem de tecnologia conhecem as melhores e mais recentes maneiras de se conectar com as empresas antes mesmo que elas o façam. Mike Burkland, CEO e Presidente da Five9, uma empresa de software de Atendimento ao Cliente baseada em nuvem, acredita nisso. Ele diz: "o poder dos consumidores está em ascensão, e os consumidores modernos esperam serviços sob seus termos, usando uma variedade de canais, que incluem voz, web, bate-papo, e-mail, vídeos e redes sociais."

As empresas inteligentes estão interessadas em oferecer aos clientes inteligentes as opções que eles desejam. Os clientes costumam me perguntar: "quais canais devemos usar para recebermos o Atendimento ao Cliente?"

E minha resposta é sempre a mesma: você precisa estar nos canais que seus clientes usam. Você deve estar presente, monitorá-los e respondê-los em todos os principais canais. À medida que novos canais surgem, alguns clientes podem experimentá-los, mas não há problema em manter canais novos e não testados em segundo plano — pelo menos até que se tornem mais populares.

O canal tradicional de Atendimento ao Cliente — a ligação telefônica — está desaparecendo, mas muitos clientes ainda o utilizam. É importante oferecer suporte por telefone e e-mail também, e, quanto mais rápido você responder, melhor. Uma maneira de garantir uma resposta rápida às perguntas dos clientes é oferecer opções de autoatendimento, como uma página de perguntas frequentes, com respostas para as dúvidas mais comuns. Vídeos informativos são outra boa maneira de fornecer suporte ao cliente. Se bem feitos, são quase tão bons quanto uma consultoria particular lhe dizendo exatamente o que fazer. E por último, mas não menos importante, estão as redes sociais. As empresas sabem que os clientes passam muito tempo nelas; portanto, devem encontrar maneiras de se conectar a eles por lá.

O segredo, novamente, é responder rapidamente a qualquer post – bom ou ruim. Existem programas que ajudam a monitorar as redes sociais populares, como Twitter, Facebook, WhatsApp, sites de resenhas e muito mais.

Vamos nos afastar e analisar a opção tradicional de atendimento ao cliente: a ligação. Por muitos anos, o telefone foi a principal fonte de comunicação, mas ele está em declínio. Por quê? Com o maior número de opções disponíveis hoje, os clientes escolhem pular a chamada, por vezes, frustrante, que pode incluir uma gravação lhe dizendo: "sua ligação é muito importante para nós", o que em geral prenuncia uma longa espera. À medida que os minutos se arrastam, o cliente inevitavelmente sente que a mensagem nessa gravação é tudo, menos verdadeira.

Shai Berger, CEO da Fonolo, ainda acredita que o telefone é um importante canal de suporte. Berger afirma: "a frequência diminuiu (até o total de chamadas recebidas), mas a complexidade aumentou. Os tipos de chamadas que vão para um agente ativo são reservados para questões complicadas ou urgentes, que não são tratadas pelo autoatendimento." A Fonolo oferece soluções de software que criam uma melhor experiência de suporte por telefone. Ela é aprimorada, pois os clientes são informados de quanto tempo levará a espera e têm a opção de retornar em outro horário. Essas medidas transformam a frustração de ficar esperando em uma experiência mais positiva.

Atender à "demanda do cliente" significava atender à suas necessidades de inventário e serviço, mas agora inclui atender ou exceder suas expectativas em relação ao serviço e ao suporte. Você precisa fornecer uma boa experiência para o cliente em todas as transações e interações. Ofereça aos seus clientes opções — esteja disponível quando e onde quiserem. O mercado é competitivo — a experiência e o atendimento ao cliente estão mudando a escala a seu favor?

SHEP HYKEN

shep@hyken.com

■ É especialista em experiência do cliente e Chief Amazement Officer da Shepard Presentations. É autor de best-sellers do ***New York Times*** e do ***Wall Street Journal***, e foi incluído no Hall da Fama da National Speakers Association pela conquista de ser porta-voz de sua área. Shep trabalha com empresas e organizações que desejam construir relacionamentos de fidelidade com seus clientes e funcionários. Para ler mais artigos (em inglês) sobre atendimento ao cliente e negócios, acesse: http://www.hyken.com.

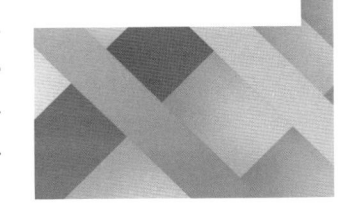

Comentários do Autor Heverton Anunciação

SOBRE ESTE ARTIGO

O Shep que é um dos mais renomados profissionais do tema no mundo, tocou em um sensível assunto. Peguemos o exemplo da indústria farmacêutica. Antigamente, as bulas de remédios eram escritas para ninguém ler. Agora, depois de vários anos, elas evoluíram para que o consumidor entenda.

Logo, a empresa tem que entender o seu consumidor final, como eles vivem, como consomem etc.

Não falta, atualmente, ferramentas e profissionais para responder a essas perguntas, desde a psicologia social a antropologia, bem como o neuromarketing.

A empresa tem que levar a sério como o cliente entenderá a sua mensagem, e não apenas enviar a mensagem.

- **DICA**

Será que seus clientes compram de você apenas pelo seu nome? Neste vídeo você verá como cuidar dessas razões. "10 Reasons WHY Your Customers Choose to Do Business with You" (10 Razões Pelas Quais seus Clientes Escolhem Fazer Negócios com Você, em tradução livre) – https://www.youtube.com/watch?v=ElaXvKRtnN8, dez. 2019.

- **CURIOSIDADE**

Qual é o momento da verdade do cliente quando contata sua empresa? Neste link você entenderá isso. "Moments of Truth, Misery, & Magic" (*Momentos de verdade, Miséria e Magia*, em tradução livre) – https://hyken.com/articles/1112-2/, dez. 2019.

- **SUGESTÃO DE LEITURA COMPLEMENTAR**

The Convenience Revolution – Shep Hyken full interview (*A Revolução da Conveniência – entrevista completa com Shep Hyken*, em tradução livre) – https://www.youtube.com/watch?v=nqCbXlpvWAw, dez. 2019.

Atendimento ao Cliente: é preciso ser **GENTIL E EFICIENTE**

A sociedade brasileira evoluiu de maneira muito peculiar ao longo dos anos. Os conceitos de cidadania e coisa comum são difusos para a grande maioria, mas todos os brasileiros são absolutamente conscientes de seus direitos como consumidores. À medida que crescem o alcance e utilização da internet e das redes sociais, esta consciência se aprofunda, se amplia e se torna mais mobilizadora. Nenhuma empresa pode ficar alheia às expectativas e ao grau de satisfação de seus consumidores.

Não há um roteiro fixo a ser seguido na trilha para a satisfação plena do cliente. É claro que o *modus operandi* dependerá dos objetivos estratégicos da companhia, das características de seus produtos e do perfil de seus consumidores. Mas há elementos comuns entre as melhores práticas das várias empresas e é sobre eles que gostaria de refletir.

O PONTO CHAVE de um atendimento de qualidade é a combinação de DIRETRIZ, PROCESSO e EQUIPE MOTIVADA e CAPACITADA. Isto é: a empresa precisa estar decidida a estabelecer um relacionamento de alta qualidade e fluidez com os seus consumidores e, para tanto, deve estabelecer processos transversais que permeiem toda a organização e que suportem o atendimento e a busca imediata por soluções. Além disso, é preciso aprender com as ocorrências atendidas, de modo a corrigir e prevenir falhas nos processos da empresa. Esse sistema precisa ser manejado por uma equipe com sensibilidade para se colocar no lugar do cliente. Afinal, nosso objetivo é apoiar o sucesso do cliente através do produto ou serviço que fornecemos.

Sem processos, sem capacitação e sem mecanismos de aprendizado com os próprios erros, o atendimento não é eficiente. E de nada adianta ser gentil mas ineficiente. A empresa, que faz uma promessa ao vender seu produto ou serviço, deve ser eficaz na solução de desvios que comprometam sua satisfação e a sensação de entrega do que foi proposto.

Mas não basta ter diretriz, processo e equipe. É preciso atualizá-las permanentemente. Um grande desafio de quem faz a interface entre empresa e consumidores é acompanhar as tendências gerais da sociedade. Isso significa compreender como avançam as expectativas do consumidor e como mudam suas necessidades.

No mundo digitalizado, a velocidade das mudanças aumenta. Precisamos de ferramentas digitais, que otimizem e amplifiquem a eficiência do processo. Mas não podemos esquecer que na ponta de cada canal de comunicação há um cliente com alguma demanda, que deseja, antes de mais nada, ser ouvido e acolhido. Na outra ponta, portanto, deve haver também um profissional disposto a dar um tratamento humano à demanda. O contato humano gera empatia e essa é a chave do relacionamento e assertividade. Ferramentas e canais digitais são necessários, mas diálogo e calor humano são indispensáveis. Os sentimentos interferem no entendimento das expectativas e influenciam a percepção de sua superação em qualquer circunstância.

Para o cliente, seu tempo é precioso, o que amplifica nossa responsabilidade com relação à sua mobilidade e aos benefícios que associa ao item adquirido. Como resposta, o atendimento deve ser mais do que rápido, precisa ser conveniente.

As empresas buscam estabelecer relacionamentos duradouros com seus clientes. E esse relacionamento enfrenta sua hora da verdade no canal de atendimento. Profissionais capacitados e empoderados para estabelecer relações reais vão contribuir decisivamente para fortalecer o relacionamento entre empresa e clientes. Mas há espaço na matriz de relacionamento para as ferramentas de autoatendimento, para as máquinas e para a inteligência artificial, cada vez mais presentes no atendimento. São ferramentas que não devem substituir o trabalho humano, mas têm a função de atender as novas demandas de um consumidor digital e na especialização cada vez maior dos profissionais para demandas que requeiram personalização e capacitação diferenciadas.

É importante compreender os aportes de recurso em atendimento como investimento e não como custo. Um atendimento restrito ou parcial arranha a imagem da empresa e da marca e, no limite, compromete a rentabilidade da própria companhia, por afetar a fidelização do cliente. Quanto melhor o atendimento, mais chances a organização tem de continuar competitiva e com a reputação preservada.

Como todo processo, o atendimento deve ter seus resultados mensurados, para que possa ser avaliado e aprimorado pela empresa. Em busca de aprimorar a estratégia de atendimento, surgem novos diferenciais, como o atendimento proativo, que significa otimizar a relação do cliente com seu produto ou serviço antes que algum problema se destaque. O atendimento proativo aumenta a fidelidade dos consumidores, diminuindo o número de chamadas e permitindo à empresa estabelecer as bases e o tom do relacionamento e da comunicação.

Outro aspecto que se destaca no consumidor moderno é a multiplicidade de canais através dos quais ele se comunica: telefone, e-mail, redes sociais. Por isso, a boa estratégia de atendimento deve ser multicanal, para que o consumidor escolha a ferramenta a utilizar. Todos os canais, porém, devem conduzir a uma única plataforma de atendimento, que consiga registrar o histórico de cada consumidor e prover suporte para relacionamento com clientes. Com tecnologia integrada, todos os canais resultam em uma só experiência, uma só linguagem com o cliente.

Essas são observações que refletem o estágio atual de atendimento na Fiat Chrysler Automobiles (FCA) e que sintetizam décadas de experiência e de prática do diálogo. Mas é fundamental saber que nada é estático: clientes, tecnologias e sociedade estão em constante evolução. Temos que estar de olhos e ouvidos bem abertos, para nunca perder o ritmo do cliente e do mercado.

CRISTIANE PAIXÃO
cristiane.paixao@fcagroup.com

- Director Customer Care Latam na Fiat Chrysler Automobiles (FCA) para a América Latina

Comentários do Autor Heverton Anunciação

SOBRE ESTE ARTIGO

Falamos neste livro sobre o QE (Inteligência Emocional), mas agora, a respeitada Cristiane traz a questão da eficiência. E para isso, o profissional e a empresa devem ter o QI, onde processos e inteligência comercial e de atendimento, aliado ao QE irão surpreender e encantar os clientes.

Uma empresa que é forte demais no QE, pode levar a empresa à falência se não medir as expectativas dos acionistas.

Uma empresa que é forte demais no QI, pode levar a empresa à falência se não medir as expectativas dos clientes.

Para isso, eu recomendo uma fórmula. O equilíbrio em que clientes, acionistas, e representantes de todas áreas trabalhem juntos, e nunca apenas o marketing como é de padrão.

- **DICA**

Você conhece a frase "gentileza gera gentileza"? Imagine se sua empresa praticá-la também? Neste link você entenderá isso. "O Poder da Gentileza no Atendimento ao Cliente" – https://vimeo.com/205538900, dez. 2019.

- **CURIOSIDADE**

O que essa empresa italiana pode nos ensinar? Neste link a Fiat mostra a sua excelência no atendimento – http://www.gaz.com.br/conteudos/blog_veiculos/2016/08/26/79356-fiat_e_a_marca_automobilistica_mais_inovadora_em_servicos_ao_cliente.html.php, dez. 2019.

- **SUGESTÃO DE LEITURA COMPLEMENTAR**

Fiat Trabalha para Elevar Qualidade

– https://www.youtube.com/watch?v=uF34HZBUGC4 , dez. 2019.

Considerações Finais –
E A EVOLUÇÃO CONTINUA...

Uma pesquisa recente demonstrou que 74% dos executivos dizem não atuar nessa parceria ou diálogo entre marketing e TI. E isto é essencial como uma chave do sucesso nos dias de hoje.

Este é apenas um dos diálogos necessários para que uma empresa forneça uma experiência de atendimento excepcional para seus clientes. Lembrem-se: não adianta colocar software e tecnologia de ponta em processos que não coloquem o cliente em primeiro lugar. A empresa estará fazendo apenas mais rápido o que não deveria fazer.

Um comitê mensal envolvendo pessoas da linha de frente, e não apenas gestores, que atendam o cliente devem participar e compartilhar suas experiências e sugestões.

Quando eu decidi trazer os melhores profissionais de Atendimento ao Cliente foi para mostrar a complexidade das variáveis que compõem o tema.

Daí você pode se perguntar: mas existe uma empresa perfeita que faça tudo isso e tenha cada um desses perfis em suas fronteiras? Até hoje eu não vi. Entretanto, a empresa que está disposta a sempre aprender e buscar construir e desenvolver uma empresa aberta ao diálogo colherá, no futuro, esse investimento.

Este livro se torna então o "abrir o seu apetite" para estudar sempre esses e demais profissionais da área para enriquecer seu conhecimento. As tendências que poderíamos tirar desse livro? Eu destaco algumas:

- Gestão e Governança de dados eficaz. Empresas não se preocuparão apenas com tabelas de dados, mas com mineração do seu "petróleo" chamado informação;
- O funcionário que trabalha na ponta e canal de contato continua importantíssimo na experiência de consumo. Nunca deixe de avaliar e investir neles;
- Traga o cliente e suas opiniões para dentro da empresa e que a empresa não tenha melindre de ouvir suas sugestões;
- Estatística, estatística e estatística. Aprenda a medir e aprenda com dados em tempo real tudo que acontece dentro da empresa;
- Siga-me no meu canal no YouTube de Heverton Anunciação, onde publico assuntos como "o cara do CRM" para se manter atualizado.

Logo, a empresa atual não deve ter medo e não deve esconder nada debaixo do tapete corporativo. Em época de lava-jato, tudo precisa ser transparente, e saibam de uma verdade máxima: o cliente perdoa tudo, **desde que você não o abandone**.

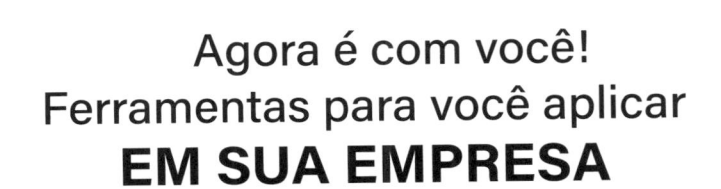

Agora é com você! Ferramentas para você aplicar **EM SUA EMPRESA**

Conversar com os clientes é contrariar o autodestrutivo hábito da maioria das empresas que é o de ouvirem apenas elas mesmas.
(J. Brooks)

Cada empresa pode, a partir de pesquisas de mercado ou consultoria, montar seus padrões de avaliação da qualidade do atendimento, bem como o resultado obtido a partir de seus investimentos. Para auxiliar o profissional da área, eu estou trazendo algumas sugestões a partir de recomendações de grandes instituições e melhores práticas.

Em todos os artigos dos ilustres convidados desse livro é importante considerar que eles utilizam ferramentas para ajudar as empresas na melhoria da gestão da relação com os clientes. A seguir, apresento algumas das ferramentas disponíveis para você já começar a implantar, ou até buscar consultoria ou avaliação do atendimento de sua empresa.

ESTRATÉGIA	FERRAMENTAS
Calcular o valor vitalício do cliente	Planilha de valor vitalício
Desenvolver os pontos de escuta	Cálculo da rotatividade de funcionários
Aprimorar os pontos de escuta	Pesquisa sobre a qualidade dos serviços
Mapear processo de prestação de serviço	Planilha de equação do valor para o cliente
Alcançar excelente recuperação de serviço	Planilha para aperfeiçoamento de um processo de trabalho
Criar processo centrado no cliente	Cálculo básico da rotatividade de funcionários
	Quadro de feedback do cliente

Além das ferramentas que ensino como você pode utilizá-las, logo nas próximas páginas, eu também recomendo que você estude:

FERRAMENTA	LINK
NPS - Net Promoter Score	https://endeavor.org.br/estrategia-e-gestao/nps/
Customer Success	https://resultadosdigitais.com.br/blog/o-que-e-customer-success/
KPIs de Customer Experience	https://satisfacaodeclientes.com/kpis-de-customer-experience-que-todo-marketing-deve-conhecer/
Consumidor.gov.br	Portal do Governo para monitorar ações entre empresas e consumidores
Reclame Aqui	Maior portal de reclamações da América Latina

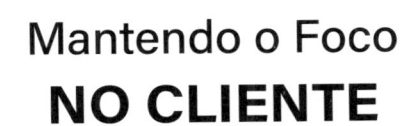

Mantendo o Foco
NO CLIENTE

Nós não estamos no negócio de café,
servindo pessoas. Nós estamos no negócio
de pessoas, servindo café.
(Howard Schultz, CEO, *Starbucks Coffee*)

O que você faria?

Carolina insistia que conquistar esse novo cliente seria ótimo para os negócios. Augusto discordava. Aquele cliente era um notório barganhador, conseguindo preços de pechincha com fornecedores e pulando do barco quando surgia outro bom negócio. Augusto sabia que aquele cliente nunca permaneceria o tempo suficiente para tornar-se lucrativo. Pior, ele sabia que a estratégia de Carolina para cortejar esse cliente envolvia remanejar recursos

Fonte site Freepik

de contas mais antigas e altamente lucrativas apenas para servir essa nova conta. O que poderia fazer para comprovar à Carolina que, no mínimo, deveria tentar todo o possível para manter felizes os clientes que eram lucrativos e fiéis? O que você faria?

O que você poderia fazer?

Augusto talvez queira reunir-se com Carolina e explicar o conceito de valor vitalício de um cliente e realmente calculá-lo a partir de um de seus clientes. Pesquisas mostram que o relacionamento contínuo com um cliente cria um fluxo constante de receita que requer menos marketing. Clientes fiéis tendem a comprar produtos relacionados entre si, bem como gerar receitas adicionais por meio de referências positivas. Em seguida, Augusto poderá ajudar Carolina a comparar os potenciais fluxos de receita de um cliente fiel já existente e de um novo cliente.

Neste tema você aprenderá sobre o valor vitalício de um cliente e por que faz sentido construir a fidelidade entre seus clientes-alvo. Depois que você explorar as ideias desse tema, certifique-se de clicar em *Simulação*, onde poderá participar de um cenário interativo, tomando decisões e recebendo um feedback imediato sobre as suas respostas.

São necessários meses, às vezes anos para encontrar um cliente... E apenas alguns segundos para perdê-lo

– Cliente 101.

Os fatos econômicos sobre CLIENTES E FIDELIDADE

Estudos mostram que quanto mais tempo os clientes permanecem fiéis, mais lucrativos eles se tornam. Por quê? A resposta tem a ver com o que é conhecido como os *três Rs da fidelidade do cliente*.

Retenção. Um relacionamento contínuo com o cliente cria um fluxo estável de receita com o decorrer do tempo à medida que o cliente continua comprando produtos. Os custos associados com marketing declinam e, em muitos casos, declinam também os custos do próprio atendimento ao cliente, que se torna familiarizado com a empresa, com sua linha de produtos e com seus procedimentos.

Vendas relacionadas. O lucro gerado com a venda de novos produtos e serviços a clientes já existentes é excelente. A empresa voltada para o futuro desenvolve novos produtos dando atenção aos seus clientes fiéis, os quais estarão mais inclinados a comprar, visto que o novo produto foi desenvolvido para atender às suas necessidades e porque eles já têm um grau de confiança na empresa.

Na verdade, o produto original pode gerar um lucro pequeno comparativamente às vendas relacionadas com o decorrer do tempo. Por exemplo, a instalação de um elevador por uma empresa de elevadores é apenas a primeira etapa de um fluxo de receitas resultantes de contratos de serviços. Muitas empresas de software vendem módulos de extensão, novos lançamentos e características extras que melhoram e atualizam o software original.

Os custos são reduzidos porque novas vendas a clientes já existentes demandam menos marketing, nenhuma despesa de cadastro, menos papelada e menos tempo. Além disso, clientes fiéis são geralmente menos sensíveis a preço do que os novos clientes.

Recomendações. Recomendações positivas são o melhor tipo de marketing e não custam nada! As recomendações positivas de clientes são vitais para o lucro e o crescimento. Pesquisas sugerem que clientes satisfeitos provavelmente contarão para cinco outras pessoas sobre uma boa experiência, enquanto clientes insatisfeitos provavelmente contarão para onze outras pessoas sobre uma experiência ruim. A partir de sua experiência você sabe que recomendações pessoais têm muito mais peso que o marketing tradicional.

Clientes internos

Os três Rs também entram em jogo quando o seu trabalho envolve atender clientes internos — outros indivíduos, grupos ou equipes dentro da organização. Quanto mais prolongada for uma relação positiva com um cliente interno, tanto maiores serão suas realizações conjuntas. À medida que a relação com um cliente interno cresce, ela se torna cada vez mais eficaz, o que, por sua vez, afeta a lucratividade da empresa. Um relacionamento interno verdadeiramente eficaz cria sinergia. Dois grupos dentro de uma organização podem trabalhar juntos no desenvolvimento de novos produtos ou no atendimento de um cliente, de forma cada vez mais inovadora e criativa. Mais ainda, você não precisa trabalhar exclusivamente com clientes externos para saber que relatórios favoráveis sobre o seu grupo criam boa vontade e expectativas positivas. Uma má reputação cria expectativas negativas, atritos contínuos com outros grupos e diminuição da credibilidade. Marketing gratuito ou críticas desfavoráveis? A escolha que você faz é fundamental para sua reputação e para o resultado final que você produz.

Orçamentos típicos **DE MARKETING**

A ilustração abaixo representa um típico orçamento de marketing. Como você pode ver, somente uma pequena fração de todo o orçamento é dedicada à manutenção de clientes fiéis.

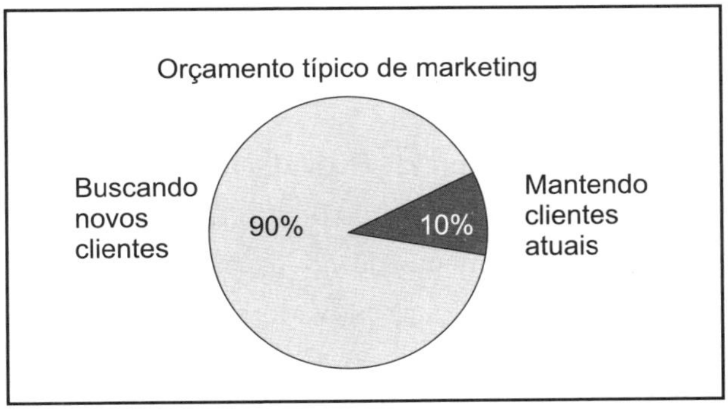

Atualmente, muitas empresas não se dedicam arduamente para desenvolver um relacionamento prolongado com o cliente. Elas mantêm quase todo o foco de energia e dinheiro para conseguir novos clientes, prometendo taxas baixas iniciais, incentivos para subscrição e, obviamente, gastando milhões em marketing e publicidade, e perdendo dinheiro com dívidas incobráveis.

A estrutura de recompensa dentro da empresa está orientada quase que exclusivamente para atrair novos clientes. Os maiores incentivos normalmente vão para funcionários que trazem novos clientes, e não para aqueles que trabalham arduamente para manter satisfeitos os clientes fiéis, internos e externos.

Várias estimativas colocam o custo de atrair novos clientes em cinco ou mais vezes o custo de manter clientes atuais
– James L. Heskett.

Orçamentos de marketing como esses são orientados pela concepção errada de que, para conseguir lucros, você deverá aumentar sua participação de mercado. Essa tradicional abordagem de marketing está focada nos quatro Ps: produto, preço, promoção e "praça" (canais de distribuição), e leva ao conceito equivocado de que qualquer cliente é um bom cliente.

Identificando os **CLIENTES CERTOS**

Nem todos os clientes são bons clientes. Na verdade, alguns clientes são totalmente inconvenientes para sua empresa. Empresas bem-sucedidas sabem exatamente quem são seus clientes ideais e direcionam suas energias na criação de produtos para agradar a eles, e só a eles. Muitos clientes são o que se poderia chamar de mercenários — eles são daquele tipo que, por exemplo, trocam de provedor de serviços telefônicos diversas vezes por ano, atraídos pelas menores tarifas e pelos maiores incentivos. Quando as ofertas de lançamento são encerradas, eles também encerram suas contas muito antes que possam tornar-se lucrativas.

Uma organização bem-sucedida precisa concentrar-se em satisfazer grupos de clientes-alvo que atribuem o mais alto valor aos produtos ou aos serviços que a organização oferece. A empresa que não faz esforços adicionais em agradar esses clientes pode dar um sério passo em falso. Ocupada em correr atrás de clientes errados, a empresa que se desvia do que sabe fazer de melhor está mais propensa ao insucesso e, durante esse processo, aliena seus clientes mais lucrativos.

Quem é o cliente "certo"?

Somente esforços voltados para o desenvolvimento de produtos e serviços compensam em longo prazo. Organizações bem-sucedidas determinam quem são seus clientes-alvo e, em seguida, fazem tudo que está ao seu alcance para agradar-lhes e retê-los. Uma boa definição de quem é o cliente-alvo funciona como um farol para uma organização. (Algumas vezes, uma organização pode determinar seus clientes-alvo olhando para o outro lado da moeda. Em outras palavras, perguntando-se a quem ela não deve tentar agradar. Afinal, nenhuma empresa consegue agradar a todos, e alguns clientes simplesmente não valem a pena reter.) Declarado de forma simples, os clientes-alvo devem ser aqueles que serão fiéis ao longo do tempo.

Uma das mais bem-sucedidas seguradoras dos EUA foi fundada há mais de 70 anos para atender a um mercado-alvo específico: motoristas com qualificação acima da média. No trabalho desenvolvido em estados agrícolas, seus agentes eram membros da comunidade, constantemente em contato com seus clientes, identificando aquilo de que precisavam e o que desejavam. Os esforços de marketing foram projetados para atrair membros daquele mercado-alvo e manter contentes os clientes-alvo fiéis. Por exemplo, para recompensar boas práticas de direção do cliente, eram concedidos descontos ao final de cada período de três anos sem acidentes.

Excelentes empresas lembram-se de que mesmo clientes-alvo são *alvos que se movem* — suas expectativas mudam e desenvolvem-se ao longo do tempo. Desse modo, a qualidade de serviço não é absoluta, visto que é determinada pelo cliente, e não pelo prestador de serviço. Mais ainda, ela varia de cliente para cliente. Consequentemente, empresas com excelente qualidade de serviço são aquelas que conseguem adaptar seus produtos e serviços para atender e exceder às expectativas mutáveis dos clientes.

Por exemplo, um fabricante de automóveis com um nível extremamente alto de fidelidade observou que estava perdendo clientes. Representantes da empresa visitaram os clientes desertores e perguntaram o motivo. Os clientes estavam contentes com a qualidade dos carros, mas suas famílias estavam crescendo e eles desejavam carros maiores. As expectativas haviam mudado. Quando a montadora respondeu com projetos de carros maiores, seus esforços foram recompensados com maiores vendas e fidelidade.

Como a fidelidade do cliente afeta **A LUCRATIVIDADE?**

Logo que uma organização decide quem são seus clientes-alvo e começa a atender e a exceder suas expectativas, a satisfação do cliente aumenta. Segue-se a fidelidade, trazendo junto um impacto significativo e mensurável no resultado final.

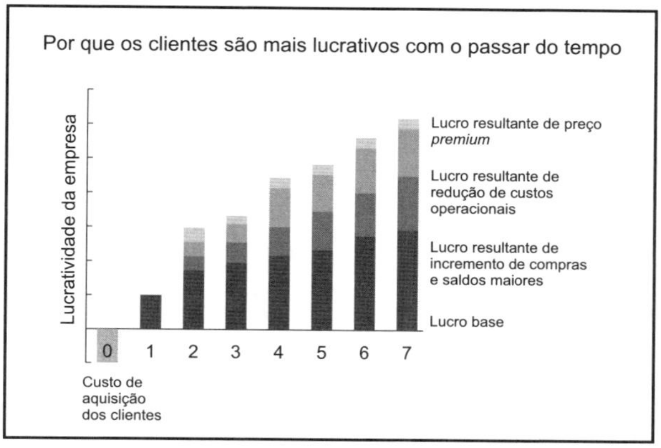

O valor vitalício

Earl Sasser e Fred Reichheld estudaram um considerável número de setores da indústria de serviços e descobriram que, em todos os casos, as relações com os clientes típicos se tornavam cada vez mais lucrativas com o decorrer do tempo, independentemente do setor.

No ano 0, os clientes são adquiridos. Os custos da aquisição precisam ser recuperados no decorrer da relação.

Logo no começo da relação, os níveis de compras e de lucros tendem a ser baixos. Mas eles criam uma base sobre a qual uma relação prolongada com o cliente pode ser estabelecida.

Assim que fica familiarizado com um produto ou serviço, o cliente provavelmente passa a comprar novos produtos ou serviços. O cliente torna-se menos sensível a preço ao comprar novos produtos ou serviços do que quando compra pela primeira vez. O nível de lucratividade aumenta.

Ao ficar familiarizado com a empresa e suas políticas, o serviço prestado ao cliente torna-se menos caro e os custos, consequentemente, são reduzidos. Além disso, o cliente verdadeiramente fiel torna-se um "apóstolo", alguém que fervorosamente recomenda a empresa para outros, gerando novos negócios e lucratividade cada vez maior.

Quanto mais prolongada a relação, tanto mais lucrativa ela tende a tornar-se. Em um estudo de empresas prestadoras de serviços, estender a relação de um cliente de cinco para seis anos resultava em um incremento de 25% a 85% em lucratividade.

Calculando o valor vitalício DE SEU CLIENTE

Por que as empresas não dão mais atenção aos seus clientes fiéis? Porque elas não estimam quão valiosos eles são. Calcular o valor vitalício de seus clientes pode ser uma experiência reveladora. Pode também ajudar a angariar o apoio da alta administração a iniciativas para retenção de clientes.

O valor vitalício pode ser calculado para qualquer cliente em qualquer indústria. Vamos imaginar um exemplo de transação entre empresas: um pequeno estúdio de design gráfico que compra software de um fornecedor.

No ano 1, o proprietário do estúdio de design vê um anúncio na televisão de um novo software de layout e o adquire. No primeiro ano, o fornecedor não ganha nenhum dinheiro com esse cliente, porque os custos de aquisição e de serviços ao cliente são maiores que o preço de compra do software.

No ano 2, o cliente, feliz com o software para layout, compra a atualização (que tem uma margem de lucro maior), bem como um programa para desenho e ilustrações. Além disso, o proprietário do estúdio recomenda o software para layout a diversos designers gráficos independentes, um dos quais compra o software para layout.

No ano 3, o estúdio de design compra do fornecedor um programa para manipular imagens e uma coleção de *clip-arts*. O primeiro cliente recomendado compra o software para desenho e a atualização do software para layout. Um segundo cliente recomendado compra o software para layout.

No ano 4, o estúdio de design compra uma nova atualização do software para layout e uma atualização para o software para desenho. O primeiro cliente recomendado compra um software para a manipulação de imagens e uma coleção de *clip-arts*. O segundo cliente recomendado compra o software para desenho e uma atualização do software para layout. Além disso, dois outros clientes recomendados compram o software básico para layout.

No ano 5, o estúdio de design compra um novo software que combina layout, ilustração, recursos de manipulação de imagens e uma coleção diferente de *clip-arts*. O primeiro cliente recomendado compra outra atualização do software para layout e uma atualização do software para desenho. O segundo cliente recomendado compra um software para manipulação de imagens e uma coleção de *clip-arts*. Cada um dos dois clientes do ano anterior compra o software para desenho e a atualização do software para layout.

As compras feitas durante os anos 1 a 5 pelo estúdio de design e suas indicações de clientes são tabuladas adiante. Como você pode observar, a compra inicial de US$800 no ano 1 leva a negócios adicionais provenientes de outras fontes, que somam US$12.850 durante os anos 2 a 5.

Veja na seção Anexo – Ferramenta formulário

Calculando o valor vitalício – Exemplo

	Ano 1	Ano 2	Ano 3	Ano 4	Ano 5
Receitas de bens e serviços básicos	800	0	0	0	0
Receitas de novos bens e serviços	0	500 250	500 200	250 250	3.000 200
Custo para adquirir e atender	850	100	100	100	100
Recomendações: Receitas de novas contas fiéis	0	800	750 800	700 750 800 800	500 700 750 750
Lucro ($)	(-)50	1.450	2.150	3.450	5.800

Usando a cadeia Serviços–Lucro para construir a fidelidade do cliente **E A LUCRATIVIDADE**

Pesquisas feitas em uma ampla variedade de indústrias confirmam a existência de fortes vínculos entre a lucratividade, o crescimento e as seguintes variáveis:

- Qualificação do funcionário;
- Satisfação do funcionário;
- Produtividade do funcionário;
- Habilidade do funcionário em fornecer bom valor aos clientes;
- Satisfação do cliente;
- Fidelidade do cliente.

Atualmente, estão todos tentando salpicar um pouco de fumaça mágica nesse assunto da prestação de serviços ao cliente e esperando que as coisas melhorem

– Frederick Reichheld.

Por exemplo, a qualificação do funcionário — construída com a contratação das pessoas certas e dando-lhes treinamento, suporte, autonomia e recompensas — promove a satisfação do funcionário com o trabalho. Quando os funcionários gostam do seu trabalho e acreditam que estão fazendo a diferença, o resultado é que eles tendem a permanecer mais tempo no trabalho, tornam-se mais produtivos e adquirem maior capacidade de discernimento. Tal fidelidade dos funcionários, por sua vez, criam uma maior satisfação do cliente. Afinal, é mais provável que os clientes se sintam felizes quando são atendidos por funcionários motivados que dedicam tempo em conhecer necessidades e circunstâncias específicas do cliente. Não é de surpreender, pois, que os clientes contentes tendam a comprar mais da empresa e também passem a recomendá-la com mais frequência para outros clientes. Assim, a satisfação do cliente gera a fidelidade do cliente. Além disso, há uma notável relação causa e efeito entre fidelidade do cliente e lucratividade: em algumas indústrias, uma pequena porcentagem dos clientes mais valiosos e fiéis da empresa pode responder por mais da metade da lucratividade total. Juntas, as conexões aqui descritas, e que mutuamente se reforçam, formam a cadeia Serviços-Lucro.

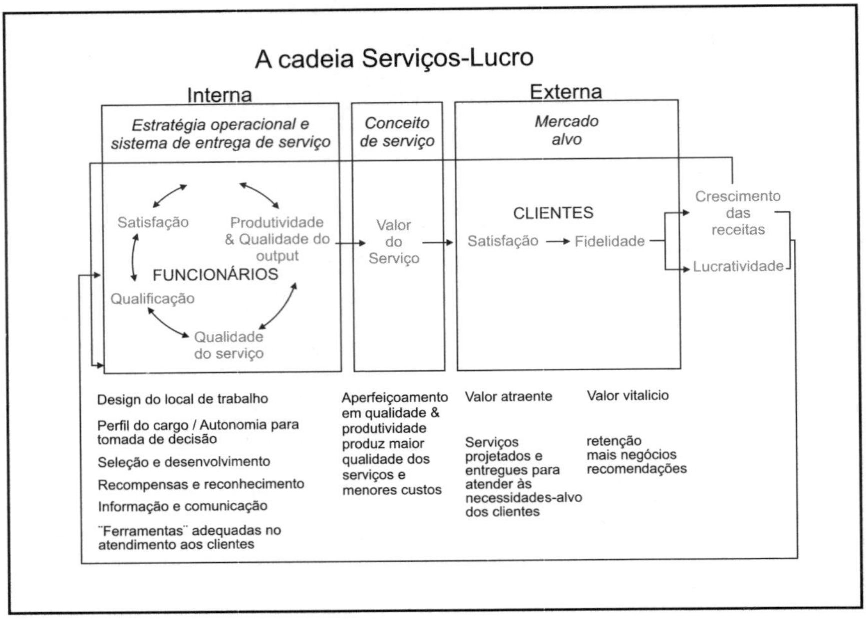

A cadeia Serviços-Lucro

Para que o serviço prestado ao cliente gere lucros, cada elo na cadeia — qualificação do funcionário, satisfação com o trabalho, produtividade, fidelidade do funcionário e satisfação do cliente — precisa ser forte e exige muito trabalho árduo e comprometimento. Um pouco de fumaça mágica ou faz de conta não vai adiantar. A organização precisa consistentemente fornecer valor superior aos seus *stakeholders* — funcionários, clientes e acionistas.

Qualificando
SEUS FUNCIONÁRIOS

Muitas organizações entendem a necessidade de treinar os funcionários da linha de frente a serem educados, empáticos e com capacidade de discernimento. Mas um ótimo serviço de linha de frente não basta. *Todos* na empresa são responsáveis pelo atendimento do que o cliente deseja.

Por exemplo, uma grande companhia aérea subcontratou os serviços de uma empresa aérea regional para transportar seus passageiros de um aeroporto principal para aeroportos menores na região. O pessoal da linha de frente era educado, diligente e eficiente. Infelizmente, os aviões estavam sempre atrasados em relação aos horários de partida. Voos eram frequentemente cancelados. Os passageiros constantemente chegavam com horas ou mesmo um dia de atraso, perdendo eventos e reuniões importantes. Finalmente, aquela empresa aérea regional, mediocremente administrada, perdeu o contrato e foi à falência.

> *Nem todos os sorrisos do mundo vão ajudá-lo se seu produto ou serviço não for o que o cliente deseja*
> **– Carl Sewell e Paul Brown.**

Obviamente, um excelente serviço de linha de frente é crítico para o sucesso de qualquer organização. Mas, como comprovado nessa história, a qualificação não pode parar na linha de frente caso a empresa deseje ser lucrativa. Quando alguma parte carece de qualificação, ela compromete a habilidade da empresa de fornecer o que o cliente deseja. No caso daquela companhia aérea, o cliente desejava um transporte confiável.

Como gerente, você tem o poder e a responsabilidade de fortalecer o primeiro elo da cadeia Serviços-Lucro: a qualificação do funcionário.

O ciclo da mediocridade

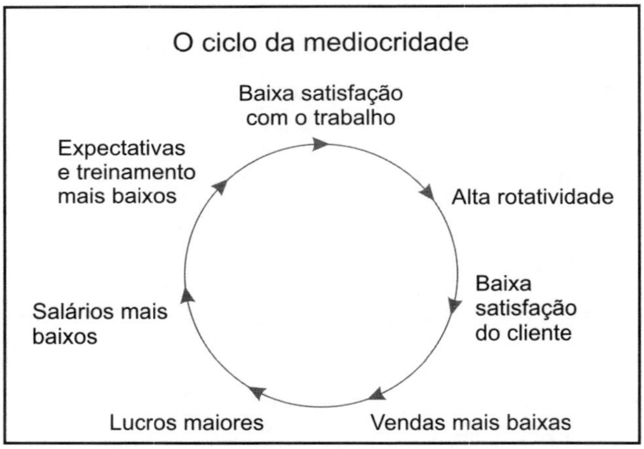

Baixo nível de satisfação dos funcionários e alta rotatividade podem criar uma espiral descendente que causa a queda de vendas e lucros. Por exemplo, um baixo nível de satisfação dos funcionários pode levar a uma atitude de serviços medíocres, que, por sua vez, leva a um baixo nível de satisfação do cliente. De modo similar, uma alta rotatividade de funcionários pode interromper a continuidade com o cliente. A resultante deserção do cliente terá um efeito adverso nos lucros. Mais ainda, lucros mais baixos afetam adversamente o treinamento e as expectativas dos funcionários. O resultado — baixo nível de satisfação no trabalho — dá início ao ciclo de mediocridade.

O alto custo da rotatividade de funcionários

Pesquisas mostram que os funcionários colocam um alto valor na *qualificação* que desfrutam na posição que ocupam – que pode ser aproximadamente traduzida como liberdade de ação e habilidade de produzir resultados para clientes internos e externos. A percepção de uma alta qualificação, por sua vez, pode resultar em redução na taxa de rotatividade de funcionários.

Organizações bem-sucedidas têm uma rotatividade de funcionários mais baixa do que a de seus concorrentes. Mesmo empresas estruturadas em cima de alta rotatividade — por exemplo, cadeias de *fast-food*, que sempre estiveram inclinadas a contratar funcionários com baixa qualificação, baixos salários e treinamento mínimo — começam a entender que funcionários satisfeitos e que estão há mais tempo no trabalho ajudam a construir a fidelidade e a satisfação do cliente, e o custo de gerenciá-los é mais baixo. Um dos resultados é que essas empresas começam a questionar suas premissas tradicionais.

Os custos visíveis das más contratações e da alta rotatividade de funcionários aparecem em custos relacionados com:

- Despesas adicionais com recrutamento e treinamento;
- Produtividade mais baixa de colegas e gerentes;
- Um amplo leque de custos ocultos pode ser igualmente prejudicial. Uma alta rotatividade de funcionários pode ter um impacto negativo;
- No moral dos outros funcionários;
- Na qualidade dos serviços prestados;
- Na conservação do cliente;
- Na produtividade e na lucratividade.

Utilize a informação que você gerar com o cálculo da rotatividade de funcionários na sua empresa para ajudar a convencer seus colegas de que, economicamente, faz sentido contratar, treinar, apoiar e recompensar funcionários leais.

O ciclo do sucesso

A maioria dos gerentes deseja sinceramente promover mudanças que "provoquem uma mudança de atitudes", mas suas boas intenções geralmente são perdidas pelo caminho, devido a pressões por desempenho a curto prazo. Como um ciclo de mediocridade pode ser transformado em um ciclo de sucesso? Você pode criar um ciclo de sucesso começando pela seleção (veja Ferramenta de Rotatividade na seção Anexos).

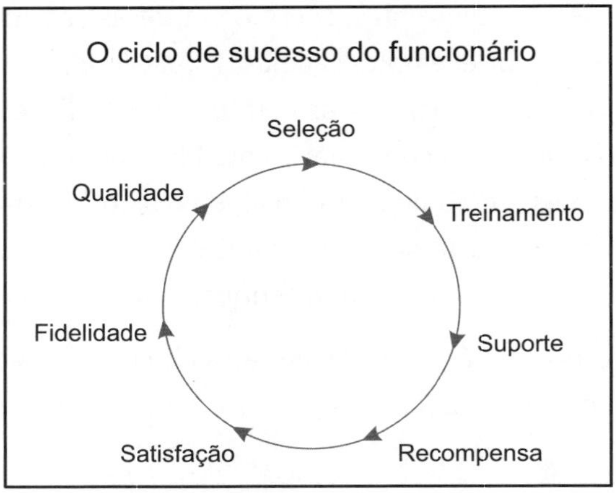

Selecione pela atitude, treine visando as habilidades

Habilidades podem ser ensinadas, mas é difícil treinar alguém a ter uma atitude correta. As organizações de serviços mais bem-sucedidas contratam primeiramente pela atitude e somente em segundo lugar pelas habilidades. Elas treinam seus novos funcionários nas habilidades que necessitam para suas posições.

Todos na organização precisam ter uma atitude voltada para o cliente. Ninguém deve estar isento, nem mesmo funcionários que gastam pouco ou nenhum tempo em contato com clientes. Por exemplo, um programador de software talentoso, mas egomaníaco pode retardar a liberação de produtos e tornar a vida insuportável para seus colegas. Se os problemas de atitude do programador permanecem despercebidos, os atrasos vão continuar, e os colegas mais altamente habilitados vão procurar trabalho em um concorrente.

Invista em treinamento

Certifique-se de que novos funcionários recebem treinamento nas habilidades e ferramentas que precisarão para realizar bem seu trabalho. O treinamento deve incluir um mix de habilidades interpessoais e técnicas. O treinamento em habilidades interpessoais não é apropriado apenas para os funcionários que gastam muito tempo interagindo com clientes externos; habilidades interpessoais são também necessárias no atendimento de clientes interno — outras pessoas dentro da organização — e na atuação em equipe.

> *Se todos os outros fatores são iguais, as melhores pessoas ficarão com a empresa que lhes paga o melhor salário. Líderes em fidelidade sabem disso e compartilham seu "superávit de fidelidade com os acionistas, bem como com os funcionários*
> **– Frederick Reichheld**

O treinamento consome tempo e dinheiro. As organizações que investem no desenvolvimento de funcionários descobrem que existem recompensas em termos de rotatividade reduzida de funcionários, de aprimoramento na qualidade dos serviços e de maior produtividade. O resultado é maior satisfação e fidelidade do cliente.

Forneça ferramentas e suporte

Uma vez contratados funcionários vencedores, você precisa dar-lhes oportunidade de serem vitoriosos em suas funções. Quando você supre seus funcionários com as ferramentas e o suporte de que precisam, eles terão um melhor desempenho e vão sentir-se bem em suas funções. A recompensa é uma maior fidelidade do funcionário, que será igualmente traduzida em maior fidelidade do cliente.

Sem sistemas adequados de suporte, mesmo os melhores funcionários, não conseguirão produzir os resultados e serviços que desejam fornecer aos clientes. Sistemas de suporte bem projetados, como tecnologia, sistemas de informação, design do local de trabalho e facilidades funcionais, contribuirão para a qualificação do funcionário.

Conceda autonomia dentro de limites

A microgestão é vexatória e frustrante para funcionários capazes. Ficam ressentidos em ser tratados como incompetentes e acabam insatisfeitos com seu trabalho. A produtividade cai, e os mais valiosos funcionários encontrarão trabalho em algum outro lugar.

Assim que contratar as pessoas certas, treiná-las para assegurar que tenham as habilidades certas e supri-las de apoio eficaz, dê-lhes maior liberdade de ação, para que possam fornecer valor aos clientes. Tal atitude confere a esses funcionários o poder e a responsabilidade de tomar decisões ágeis e de reparar decisivamente erros cometidos. Uma organização beneficia-se tanto da capacidade de discernimento quanto da capacidade de tomar decisões de funcionários competentes.

Mas a liberdade de ação deve vir acompanhada de limites. A determinação da autonomia e dos limites corretos dependem das circunstâncias. Maior autonomia para os funcionários é especialmente benéfica em posições difíceis de serem supervisionada — ou em cargos que exigem um alto nível de interação combinado com uma necessidade de rápida recuperação de serviços.

Recompense pelos resultados

Mostre reconhecimento e recompense sua equipe pelas suas contínuas contribuições ao serviço prestado. Atrele recompensas diretamente a metas. As recompensas devem refletir a cultura e os valores de sua organização e devem levar em conta o que motiva seus funcionários.

Embora seja mais fácil mensurar e avaliar esforços, lembre-se de que seu objetivo é produzir resultados para o cliente. Recompense os funcionários pelos resultados alcançados, e não meramente pelos esforços feitos.

Conhecendo
O CLIENTE

Se pudermos aumentar o índice de satisfação do nosso consumidor em apenas 1%, significa que vamos aumentar nossa receita em US$275 milhões nos 5 anos seguintes.
(Robert LaBant, IBM Corporation)

A relação entre clientes fiéis e organizações bem-sucedidas é um processo dinâmico e contínuo sustentado por constante comunicação bidirecional e receptividade.

A diferença entre organizações medianas e organizações excelentes está em quão eficazmente a equipe de gestão gera e ouve feedback, comunica a informação internamente e atua sobre ela. Em vez de "falar" por meio de constante publicidade e vendas agressivas, as empresas devem manter o foco em "ouvir". Todas as organizações normalmente têm mecanismos internos para obter feedback, mas estes não são necessariamente bem utilizados.

Obtenha feedback do cliente

Empresa bem-sucedida é aquela que atende e excede nas expectativas de seus clientes-alvo. Para conseguir isso, ela ouve continuamente seus clientes-alvo para descobrir quais produtos e serviços desejam que atendam às suas necessidades e de que forma preferem que esses produtos ou serviços sejam entregues. Mas clientes são alvos móveis — suas expectativas estão em constante mutação. Por esse motivo, as organizações precisam dispor do maior número possível de oportunidades para ouvir e responder o feedback do cliente. Todas as organizações possuem *postos de escuta*, locais onde os funcionários ouvem o feedback do cliente. As organizações podem criar maneiras formais e informais de descobrir como está sua performance do ponto de vista do cliente.

Todas as ferramentas que medem o feedback são mais bem utilizadas em um clima de confiança. Elas devem ser usadas para reunir informações úteis como forma de aperfeiçoar produtos e serviços, não como armas ou métodos de imputar culpas ou de punir pessoas. Além disso, todas as ferramentas devem medir tanto o feedback positivo como o negativo.

Postos de escuta envolvem:

- **Auditorias.** As auditorias podem assumir várias formas. Talvez, a mais popular seja "fazer compras disfarçadamente". Essa forma de auditoria pode consistir em visitas reais a pontos de varejo ou a outros pontos da empresa, visitas a fornecedores de serviços ou, mesmo, o consumo de produtos ou serviços. Considera-se que esse método oferece um alto grau de objetividade, embora os funcionários possam considerá-lo como injusto ou como "espionagem", se não for conduzido de forma a identificar maneiras segundo as quais os esforços podem ser melhorados.
- **Pesquisa de mercado.** Muitas grandes organizações contratam empresas especializadas em pesquisa de mercado para realizar extensos estudos que exploram demografia, estilos de vida, hábitos de compra, preferências e padrões de compra. Pequenas empresas podem não ser capazes de financiar estudos extensos como esses, mas podem obter dados de agências governamentais, e de instituições como o SEBRAE.
- ***Focus groups.*** Existem diversos tipos de *focus groups*: desde pequenas reuniões informais até sessões elaboradas e cuidadosamente preparadas. Um grupo informal de clientes de um mercado-alvo pode ajudar a empresa a testar a ideia, o *design* ou o conceito inicial de um produto. À

medida que o produto é desenvolvido, a empresa poderá começar a promover *focus groups* mais extensos geograficamente e mais organizados profissionalmente. Os *focus groups* são excelentes para testar produtos ou serviços, mas podem deixar confusa uma empresa mal posicionada, visto que ela pode tornar-se incapaz de raciocinar claramente diante dos resultados frequentemente contraditórios.

- **O processamento de pedidos.** Um dos postos de escuta mais negligenciados é o de processamento de pedidos. Quando um pedido é feito pessoalmente, por telefone ou pela internet, valiosas informações podem ser obtidas dos clientes, fazendo-lhes as perguntas certas e ouvindo cuidadosamente nesse ponto de contato com o cliente.
- **Cartões que aferem o grau de satisfação.** Muitas indústrias de serviços oferecem aos clientes a oportunidade de preencher cartões que aferem o grau de satisfação. Atualmente, tais cartões estão presentes em indústrias como a de alimentos, a hoteleira, a de assistência à saúde e a de serviços automotivos.
- **Pesquisas.** Uma pesquisa bem planejada pode ajudá-lo a determinar o que você está fazendo para conferir o mais alto grau de satisfação, ou se há ausência de satisfação. Mais elaborada do que cartões que aferem a satisfação do cliente, uma pesquisa mede muitas áreas de satisfação. Algumas vezes, uma pesquisa escrita é seguida de uma entrevista por telefone. As informações coletadas por essas pesquisas podem ser usadas para reproduzir as estratégias mais bem-sucedidas e para solucionar áreas problemáticas.
- **O processo de atendimento ao cliente.** Reclamações que surgem durante o atendimento ao cliente devem ser cuidadosamente estudadas e prontamente atendidas. Nos hotéis Ritz-Carlton, quando um cliente faz uma reclamação, ela é anotada em um Formulário de Ocorrências do Hóspede e lançada naquela data em um banco de dados, de modo que todos os outros funcionários do hotel tomem conhecimento. Isso ajuda os funcionários a ficar cientes de que aquele hóspede pode precisar de atenção especial.

- **Telefonemas de acompanhamento da satisfação.** Recentemente, muitas organizações introduziram telefonemas de acompanhamento da satisfação como mais uma forma de ouvir o cliente. Mais elaborado que um cartão para aferir satisfação, mas menos abrangente que uma pesquisa, o telefonema de acompanhamento da satisfação é um contato pessoal curto que ocorre pouco tempo depois de uma transação. Um representante telefona para o cliente e confere se ele está satisfeito, fazendo algumas perguntas simples sobre os produtos e serviços da empresa.

  Um representante bem treinado poderá identificar problemas de recuperação de serviços antes que ocorram e poderá obter informações mais gerais sobre aquilo que o cliente-alvo atribui valor e aquilo a que não atribui valor. Por exemplo, uma grande empresa de produtos óticos telefona para o cliente cerca de uma semana após este haver comprado um par de óculos. Ela verifica se os óculos estão bem ajustados e convida o cliente para vir a loja e conferir o ajuste dos óculos. Naquela ocasião, o representante faz algumas rápidas perguntas para aferir a satisfação. Esse serviço "extra" distingue essa empresa ótica de seus concorrentes e contribui para assegurar que outros negócios serão feitos com aqueles clientes.

  Telefonemas de acompanhamento também são excelentes ferramentas de marketing, estabelecendo um sentimento de confiança entre a empresa e o cliente. Um telefonema de acompanhamento da satisfação deve ser um esforço sincero para obter informação e prover serviços ao cliente. Não deve ser usado para "vender". Se o representante usa o telefonema de acompanhamento da satisfação como truque para "empurrar" outros produtos, o cliente se sentirá importunado.

- **Sites.** Outro posto de escuta é o site da empresa. Recursos como e-mail, compras através da internet, quadros de notícias e outros recursos baseados na internet dão às empresas uma nova oportunidade de descobrir o que seus clientes acham dos seus serviços e produtos.

Observando o cliente

Não há nada que supere a observação de seus clientes enquanto eles usam seu produto ou serviço. Vá a campo com observadores qualificados e veja como os clientes usam seu produto na vida real. Você descobrirá do que gostam, do que não gostam e o que fariam para melhorar seu produto ou serviço. Você ficará surpreso ao ouvir coisas nas quais nunca havia pensado antes. Por exemplo, em uma grande empresa de serviços de fotocópia, os observadores em campo descobriram que as copiadoras eram normalmente instaladas em depósitos. As pessoas frequentemente subiam nas máquinas para alcançar prateleiras mais altas. Ciente disso, os projetistas do produto criaram uma copiadora mais robusta, capaz de suportar o peso de uma pessoa.

Quando for a campo, leve observadores com diferentes experiências e habilidades. Perspectivas diferentes podem fornecer valiosas informações.

Fornecendo **VALOR**

Equação do valor para o cliente

O que é valor? Pense em sua própria experiência como cliente — como você determina o que é mais importante? Você obteve os resultados esperados? Os resultados foram fornecidos do jeito que você queria? O fornecedor fez com que a aquisição do produto ou serviço que você deseja fosse conveniente? O preço foi o que você esperava?

Um cálculo conhecido como *equação do valor para o cliente* leva em conta todas essas considerações para determinar uma medida do valor para o cliente. Mas, antes de considerarmos a equação em si, vamos examinar mais detalhadamente cada um de seus fatores.

Resultados. Os clientes compram resultados. Eles não compram produtos ou serviços. Um cliente paga por uma receita médica para tratar de uma doença. O resultado é a cura. Um cliente abastece o carro com gasolina. O resultado é o transporte. O cliente paga para estar em um sofisticado restaurante. O resultado é uma noite agradável com um excelente jantar e entretenimento.

Qualidade de processo. A qualidade de processo é a forma como o produto ou serviço é entregue, sendo uma combinação de fatores como confiabilidade, pontualidade e atitude profissional por parte de quaisquer representantes da empresa.

Preço e custos de acesso. Preço é somente um dos fatores envolvidos no custo final do produto ou serviço ao consumidor. Quando os clientes consideram preço, eles também adicionam os custos de acesso. Um produto mais barato que exige do cliente dirigir 90 quilômetros para obtê-lo pode não valer a pena. O custo adicional de uma entrega rápida pode valer a pena para um cliente que esteja disposto a pagar um valor superior pela conveniência adicional.

A equação do valor para o cliente é expressa da seguinte forma:

$$\text{Valor para o cliente} = \frac{(\text{Resultados} + \text{Qualidade do processo})}{(\text{Preços} + \text{Custos de acesso incorridos pelo cliente})}$$

Desenvolvendo metas de satisfação para clientes lucrativos

Você já ouviu o cliente. Você entende o que o cliente deseja e espera. Você sabe como o cliente atribui valor. Agora você tem informações suficientes para desenvolver as metas de satisfação. Além das fontes que você já desenvolveu, considere utilizar:

- Critérios de serviço;
- Indicações informais de funcionários que lidam com clientes;
- Indicações informais de clientes;
- Indicações informais de supervisores;
- Experiência e discernimento;
- Bom senso (frequentemente negligenciado).

As metas devem consistir em fatores que influenciam a satisfação de clientes lucrativos. Lembre-se de que algumas pessoas somente ficarão satisfeitas com um produto ou serviço que lhes custará menos do que custou a você produzi-lo. Obviamente, esses não são clientes que valem a pena agradar.

Desenvolvendo metas de satisfação - Exemplos

ÁREA ALVO	EXEMPLO DE META
Estilo de interação	Trataremos todos os clientes com respeito.
Pontualidade	Responderemos a todos os clientes dentro de cinco minutos.
Atitude	Explicaremos as características e funções de nossos produtos na linguagem do cliente, e não na linguagem da organização.
Comunicação	Finalizaremos cada interação com o cliente perguntando a ele se há alguma outra coisa em que podemos servi-lo.
Políticas e procedimentos	Aumentaremos o valor do caixa pequeno disponível. Os clientes internos não mais terão de pagar por suas próprias despesas para somente mais tarde serem reembolsados.
Autonomia do funcionário	Seguindo as diretrizes da empresa, os funcionários poderão autorizar cheques sem a aprovação de um gerente.
Retenção do cliente	No decorrer do próximo ano, aumentaremos a retenção de clientes lucrativos de nosso índice atual de 50% para 65%.

Atendendo e excedendo às expectativas

No mercado competitivo de hoje, os clientes esperam que a entrega do serviço seja excelente. Muitas grandes organizações têm instituído programas extensos de treinamento para ensinar todo o seu pessoal — tanto funcionários da linha de frente como internos — habilidades que os ajudarão a fornecer excelentes serviços. Mas muitos negócios menores não têm os recursos para suprir esse tipo de treinamento, mesmo que seja vital para seu futuro. Existem excelentes vídeos que abordam esse tema e podem ser usados como alternativa.

Aperfeiçoando a qualidade de processo

Muitos problemas que surgem quando clientes são atendidos decorrem de processos inábeis. Por exemplo, produtos que não são entregues no prazo ou que chegam estragados, custos ocultos ou prazos que impedem a entrega do serviço, clientes que esperam bastante ao telefone, processo de faturamento complicado e confuso.

Pesquisas têm mostrado que existem cinco influências genéricas na qualidade dos processos de serviços:

- Confiabilidade (O provedor de serviço fez o que disse que faria?);
- Resposta (O serviço foi realizado pontualmente?);
- Autoridade (O provedor do serviço ajudou o cliente a sentir-se confiante quanto ao processo de entrega do serviço?);
- Empatia (O provedor do serviço demonstrou a habilidade de ver as coisas sob a perspectiva do cliente?);
- Evidência tangível de que foi fornecido um serviço.

Tenha essas influências em mente quando surgirem problemas. É possível que os problemas estejam ligados a uma ou mais dessas influências genéricas. Para identificar problemas de processo, comece mapeando cada passo do processo. Examine cada um deles, perguntando-se qual é a finalidade e como agrega valor ao produto ou serviço. Explore as fontes de cada passo do problema. Por exemplo, um chefe de cozinha está tendo problemas em servir um cliente interno — a garçonete — sempre que um pedido especial chega à cozinha. Por que é difícil processar um pedido especial? Há algum problema com o preparo do alimento? Assim que as fontes do problema forem identificadas, faça um *brainstorming* para solucioná-lo e siga em frente.

Aperfeiçoando a recuperação de serviços

Um dos mais importantes processos em qualquer organização é o da recuperação de um serviço após um erro. As pesquisas mostram que recuperar-se de erros pode de fato aumentar a fidelidade do cliente e contribuir para a lucratividade da empresa. Clientes que experimentam uma criativa recuperação de serviço contam para outras pessoas com mais frequência do que aqueles que experimentam pela primeira vez um bom serviço de rotina. Compartilhe as valiosas informações coletadas durante uma recuperação de serviço e utilize-as no replanejamento e aperfeiçoamento de seus produtos ou serviços.

> "A satisfação do cliente não é um substituto para sua refeição. Embora possa parecer intuitivo que aumentar a satisfação do cliente aumentará sua retenção e, consequentemente, os lucros, os fatos provam o contrário. Entre 65% e 85% dos clientes que desertam dizem que estavam satisfeitos ou muito satisfeitos com seu fornecedor anterior."
>
> **– Frederick Reichheld**

Identifique meios pelos quais o seu grupo poderá dispensar aos clientes uma recuperação de serviço rápida, personalizada e correta no segundo contato com o cliente. Empresas de serviço bem-sucedidas recuperam-se rapidamente e aprendem com seus erros.

Como parte do processo de recuperação de serviços, os funcionários *devem* receber liberdade de ação para resolver problemas. Sem uma autonomia adequada, uma organização não conseguirá executar eficazmente procedimentos de recuperação.

A satisfação e o desligamento da lucratividade

As perguntas feitas nos postos de escuta precisam ser planejadas visando descobrir se os produtos ou serviços comprados por clientes satisfeitos continuam a atender suas necessidades.

Produtos, da linha atual, precisam ser adaptados para atender novas necessidades? Novos serviços precisam ser acrescentados para atender às mudanças de estilo de vida?

Por exemplo, quando as vendas de produtos de panifício da Entenmann começaram a estagnar, decidiram investigar o motivo. Fizeram perguntas e descobriram que a maioria de seus clientes fiéis estava envelhecendo e ficando mais preocupada com gordura e colesterol em suas dietas. Aqueles clientes não estavam insatisfeitos com os produtos ou serviços da Entenmann. Eles pararam de comprar os produtos Entenmann porque sua linha de produtos não atendia mais às suas necessidades. Caso a Entenmann oferecesse produtos de baixa caloria, os clientes fiéis teriam prazer em comprá-los novamente. Ao ouvi-los, a Entenmann concluiu que deveria oferecer novos produtos, e de fato foram bem-sucedidos.

Obviamente, os postos de escuta precisam ser projetados e usados para mensurar a satisfação, mas eles precisam também mensurar fatores que avaliarão possíveis deserções de clientes satisfeitos.

Assumindo riscos

Algumas vezes, conversar com os clientes e ouvi-los, analisar pesquisas de mercado, assim como cada processo pode reprimir a imaginação e a criatividade. *Como pode um novo produto ser lançado sem sólida aprovação de seus clientes-alvo? Como um produto pode ser bem-sucedido sem a bênção de uma centena de* focus groups*? Certamente, alguém suficientemente tolo para lançar um produto ou serviço após este ser condenado pelos clientes estará condenado ao insucesso.*

Os blocos do *Post-it Notes* foram um fiasco nos *focus groups.* Ninguém compraria aquela bobagem de tirinhas de papel que aderem a coisas por algum tempo.

Atualmente, os *Post-it Notes* detêm uma participação de 90% do mercado de lembretes adesivos. Outro exemplo: *quem pagaria mais por uma entrega rápida quando a encomenda poderia chegar a seu destino em três dias?* A Federal Express mostrou-se um desastre quando foi feito o teste de mercado. No entanto, a ideia provou-se vitoriosa.

Lembre-se: alguns dos mais bem-sucedidos negócios e produtos foram construídos com base em produtos rejeitados por *focus groups.*

Faça sua pesquisa de mercado. Ouça seus clientes. Realize o melhor serviço. Mas use sua imaginação. Não tenha medo de deixar um novo produto ou serviço criar uma necessidade. Não deixe que dados o dirijam. Você é quem deve dirigir os dados.

ANEXOS

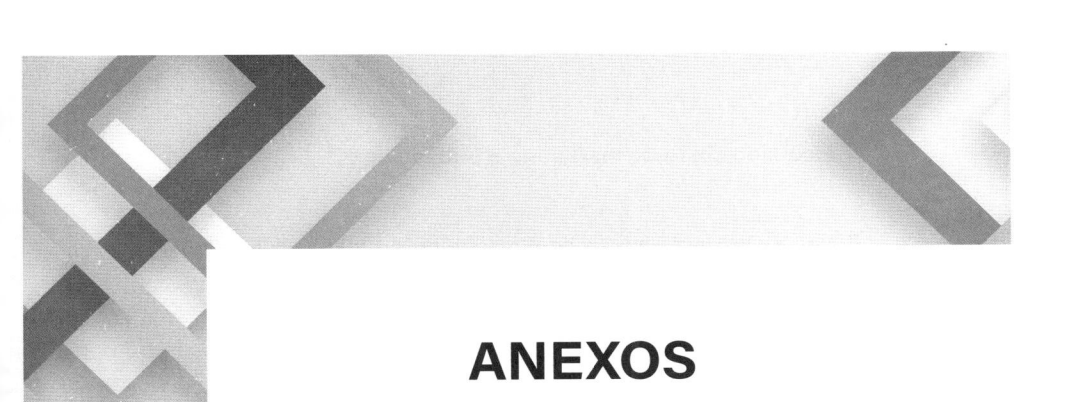

Planilha para Valor Vitalício do Cliente

Utilize estes passos para reunir informações que possam ser usadas com a ferramenta: "O valor vitalício de um cliente."

1. Reflita sobre o cliente típico de sua organização. Se a sua organização atende a diversos e diferentes segmentos de mercado, você pode querer escolher clientes de cada segmento e repetir essa atividade para cada um daqueles clientes;
2. Lance o número de transações de vendas que o cliente típico realiza com sua organização durante o período de sua relação com a empresa. Essas transações podem ser feitas pessoalmente ou através do telefone, de uma ordem de compra ou de um contrato;
3. Lance o número médio de itens ou serviços que um cliente compra durante cada transação. Caso você forneça serviços a clientes em bases contratuais, escreva o número 1 para representar um contrato;
4. Lance o preço médio por item pago pelo cliente;
5. Lance o custo médio de aquisição de um novo cliente. Uma simples estimativa desse custo poderia considerar as despesas anuais com publicidade divididas pelo número de novos clientes. Use esse método ou desenvolva o seu próprio método.

Cálculo do custo de marketing e publicidade

Despesas anuais com marketing e publicidade:
Número de novos clientes por ano:
Divida as despesas anuais de publicidade e marketing pelo número de novos clientes adquiridos em um ano (este é o seu custo para adquirir um novo cliente):

6. Use essas informações com a ferramenta de cálculo para determinar o valor vitalício de um cliente típico;
7. Repita os cálculos para um cliente fiel e satisfeito.

Compare a resposta com aquela dada sobre o custo de cada novo cliente. Lembre-se de que quando você compara um cliente novo com um cliente fiel é mais provável que o cliente fiel:

- Compre de sua empresa durante um período maior;
- Visite sua organização com mais frequência;
- Compre mais durante cada interação;
- Esteja disposto a pagar mais;
- Recomende a empresa para outros clientes.

Partilhe os resultados de seus cálculos com todos os funcionários. Não há forma melhor de causar-lhes uma impressão sobre a importância de clientes fiéis e do valor da satisfação e retenção de um cliente.

MANTENDO O FOCO NO CLIENTE – FERRAMENTAS

O valor vitalício de um cliente

Use esta planilha para calcular o valor vitalício de seus clientes.

Nome do cliente:

FÓRMULA BÁSICA

Número estimado de transações de um cliente em toda uma vida		Número de compras por visita		Preço médio por compra ($)		Custo de aquisição de um cliente ($)		Valor vitalício de um cliente ($)
	x		x		–		=	

FÓRMULA PROJETADA PARA UM PERÍODO DE 5 ANOS

	Receitas *(Inclui receitas brutas geradas)*		**Custos** *(Acrescente custos estimados para atender a este cliente, inclusive custos de marketing, produção e entrega do produto ou serviço)*		**Recomendações** *(Acrescente o valor líquido das contas recomendadas pelos clientes)*		**Lucro ($)**
Ano 1		–		+		=	
Ano 2		–		+		=	
Ano 3		–		+		=	
Ano 4		–		+		=	
Ano 5		–		+		=	
					Total	=	

Cálculo da Rotatividade de Funcionários

MANTENDO O FOCO NO CLIENTE - FERRAMENTAS

Cálculo da rotatividade de funcionários

Use esta folha para calcular o custo anual da rotatividade de funcionários em um cargo ou em uma faixa salarial. Calcule somente os custos de reposição dos funcionários. Não calcule custos para funcionários contratados para preencher novas posições.

Cargo:	**Nível salarial:**

CUSTOS DE CONTRATAÇÃO	
Custos diretos para contratar um novo funcionário	
Publicidade	
Pagamento médio a empresas de recrutamento	
Bônus na contratação	
Bônus pagos a outros funcionários por recomendações	
Despesas com viagens (inclusive suas despesas e reembolsos feitos a possíveis candidatos)	
Outros custos diretos	
Custo total direto de contratação	
Custos indiretos para contratar um novo funcionário *Calcule os custos incorridos por* ***todos*** *os funcionários atuais envolvidos nas seguintes atividades de uma nova contratação:*	
Entrevista (custos dos funcionários atuais, em todos os níveis da entrevista, desde o telefonema inicial até as entrevistas finais)	
Verificação de referências	
Receitas perdidas (inclusive custos do tempo gasto por pessoas fora de suas reais atribuições)	
Custos indiretos variados (telefone, fotocópias, fax)	
Custo indireto de contratação	

CUSTOS DE TREINAMENTO	
Custos diretos para treinar um novo funcionário	
Tempo gasto pelas pessoas diretamente responsáveis por treinar o novo contratado a executar seu trabalho. Custo-hora × número de horas	
Custo por participante de programas gerais de treinamento, material de treinamento, seminários para novos contratados	
Despesas de viagem por participante em atividades listadas acima	
Outros custos diretos	
Custo direto de treinamento	
Custos indiretos para treinar um novo funcionário *Calcule os custos incorridos por **todos** os funcionários atuais envolvidos no treinamento de um novo candidato:*	
Treinamento geral em tecnologia e procedimentos da empresa etc.	
Custos de treinamento no local de trabalho antes que o funcionário se torne totalmente produtivo	
Custo indireto de treinamento	
Estimativa de receitas perdidas com posição/vaga	
CUSTO TOTAL POR FUNCIONÁRIO	
CUSTO ANUAL COM ROTATIVIDADE DE FUNCIONÁRIOS	
Para calcular o custo anual de rotatividade de funcionários, multiplique o custo de substituir um funcionário pelo número de substituições em um ano.	

Pesquisa sobre a Qualidade dos Serviços

MANTENDO O FOCO NO CLIENTE - FERRAMENTAS

Pesquisa sobre a qualidade dos serviços

Use ou adapte esta folha para pesquisar o nível de serviços que seus clientes internos ou externos recebem de sua organização. Você poderá modificar as perguntas desta folha para uma indústria de serviços, de manufatura, ou ajustá-las especificamente ao seu negócio.

PESQUISA SOBRE A QUALIDADE DOS SERVIÇOS

Use uma escala de classificação de 1 a 5 para indicar sua satisfação com o nível de serviços prestados quando submeteu um pedido. Na coluna da esquerda, classifique a importância que cada item tem para você. Em seguida, na coluna da direita, indique seu grau de satisfação com nossa performance. Use NA caso o item não seja aplicável em seu caso.

Importância *Baixa — Alta* **1 2 3 4 5**		**Satisfação** *Baixa — Alta* **1 2 3 4 5**
	Rapidez com que seu telefonema é respondido	
	Representante de vendas ou de serviços ao cliente prestativo e cortês	
	Representante dedica tempo em responder a todas as perguntas	
	Habilidade de agilizar um pedido em uma situação de urgência	
	Velocidade com que você recebeu seu pedido	
	Encomenda em boa situação no ato do recebimento	
	Facilidade de devolver um produto	
	Habilidade de encontrar ou rastrear um pedido	
	Resolução rápida e eficaz de problemas	
	Conhecimento que o representante tem do produto	
	O representante tratou-me como um cliente valioso	
	Outro:______________________________	

Como podemos aperfeiçoar os serviços que lhe prestamos? Descreva abaixo suas sugestões sobre como podemos aperfeiçoar a qualidade dos serviços prestados a você.
Por gentileza, devolva esta folha: Via e-mail a:
Via correio a:
Via FAX a:
Agradecemos os negócios realizados com nossa empresa e aguardamos a oportunidade de servi-lo novamente.
Número de funcionários substituídos por ano

Custo anual da rotatividade de funcionários *(custo dos funcionários × o número de funcionários substituídos por ano)*	

Planilha de Equação do Valor para o Cliente

MANTENDO O FOCO NO CLIENTE - FERRAMENTAS

Planilha de equação do valor para o cliente

Use esta planilha para identificar o valor para seus clientes, o qual pode ser analisado por meio de uma equação. O valor do serviço conforme determinado pelo cliente é igual aos resultados recebidos vezes o modo como o serviço é entregue em relação ao preço do serviço vezes quaisquer custos para adquirir o serviço. Os valores na equação são relativos, visto que, normalmente, diferentes clientes desejam diferentes coisas ou o mesmo cliente pode desejar coisas diferentes em diferentes ocasiões. Por exemplo, você pode atribuir maior valor à conveniência e na oportunidade de economizar tempo em uma situação e atribuir maior valor ao preço em outra. Pense em como você pode trabalhar os fatores dessa equação em favor de sua organização, criando valor para seu cliente e alavancando seu negócio.

O QUE OS CLIENTES VALORIZAM. Preencha esta equação com descrições do que os clientes valorizam. Você não precisa utilizar uma cifra específica na categoria preço, mas poderá usar termos descritivos, como alto, baixo, preço competitivo, preço baixo todo dia, premium, com desconto, e assim por diante.

RESULTADOS Que resultados seus clientes desejam?		**ENTREGA/QUALIDADE DO PROCESSO** Como eles desejam que os resultados sejam entregues?
	x	

Observe os itens acima em relação aos fatores abaixo.

PREÇO Que preço eles estão dispostos a pagar pelo produto ou serviço?		**CUSTOS DE ACESSO** Que custos eles estão dispostos a assumir para obter o produto ou serviço?
	x	

RESUMO DO VALOR
Quais são as equações-chave de valor para o cliente mais frequentes em seu negócio?
Que fatores ou situações poderiam afetar essas equações? Quais você pode alterar ou controlar?
Como você poderá alavancar esses fatores com o objetivo de aumentar o valor de seu serviço (ou produto) para o cliente? *Por exemplo, aumentar a conveniência e manter o mesmo preço.*

Planilha para Aperfeiçoamento de um Processo de Trabalho

MANTENDO O FOCO NO CLIENTE - FERRAMENTAS

Planilha para o aperfeiçoamento de um processo de trabalho

Escolha um processo de trabalho que seja executado por muitos funcionários, que tenha um forte impacto na satisfação do cliente e que seja propenso a apresentar problemas. Com um grupo representativo, fracione o processo em uma série de atividades sequenciais ou passos, e daí cave mais fundo para revelar oportunidades de aperfeiçoamento ou "pontos passíveis de falha". Pontos passíveis de falha são ineficiências, passos desnecessários, tempo perdido ou qualquer outro fator que iniba a produção ou a entrega ao cliente de produtos ou serviços de qualidade no prazo correto. Após identificar um problema, pergunte: por que isso acontece? Continue a repetir essa pergunta para investigar relações de causa e efeito. Isto contribuirá para que o aprimoramento do processo de trabalho não signifique apenas solucionar um sintoma, mas o problema.

Processo de trabalho:

ATIVIDADES	VALOR	PROBLEMA	SOLUÇÕES
Liste cada passo ou atividade no processo, em sequência.	*Isto agrega valor para o cliente? Para a organização?*	*Existem pontos passíveis de falha aqui? Por quê? Há oportunidades de aperfeiçoamento?*	*Faça um brainstorming de soluções ou de aperfeiçoamentos.*
1.			
2.			
3.			
4.			
5.			

Cálculo básico da Rotatividade de Funcionários

MANTENDO O FOCO NO CLIENTE - FERRAMENTAS

Cálculo básico da rotatividade de funcionários

Esta planilha é razoavelmente genérica. Estime os dados e, em seguida, lance-os nas colunas a seguir.

FATORES	FUNCIONÁRIO TÍPICO	NOVO FUNCIONÁRIO	DIFERENÇA
Receita semanal			
Custo semanal			
Contribuição semanal			

Custo médio estimado para contratar um novo funcionário	
Custo médio estimado para treinar um novo funcionário	
Estimativa de receitas perdidas com uma posição vaga	
Custo de suporte ao trabalho, inclusive suprimento de supervisão	
Custo da rotatividade de um funcionário (*acrescente custos de contratação, treinamento, receitas e suporte ao trabalho*)	
Número de funcionários substituídos por ano	
Custo anual da rotatividade de funcionários *(custo do funcionários × o número de funcionários substituídos por ano)*	

Quadro de Feedback do Cliente

MANTENDO O FOCO NO CLIENTE - FERRAMENTAS

Quadro de feedback do cliente

Use esta folha para registrar dados quando estiver avaliando postos de escuta e vias por onde chegam os dados de feedback. O quadro preenchido poderá orientar o aperfeiçoamento dos atuais postos de escuta e o desenvolvimento de novos.

POSTO DE ESCUTA	TIPOS DE FEEDBACK	DESTINO ATUAL	DESTINO DESEJADO	UTILIZAÇÃO ATUAL DO FEEDBACK
Exemplo Serviço ao cliente	Reclamação: mau funcionamento do produto; cliente deseja devolver o produto	Departamento de devoluções	Relatório de devoluções ao departamento de devoluções; grupo do produto; marketing; vendas	Melhora do desempenho e do desenvolvimento do produto

APERFEIÇOANDO A EFICÁCIA DOS POSTOS DE ESCUTA

PERGUNTA	RESPOSTA
1. Alguns postos de escuta estão coletando dados valiosos que não estão sendo passados adiante e por isso não estão sendo utilizados eficazmente pela organização? Quais? Por que não?	
2. Como deseja que o feedback seja usado?	
3. Há necessidade de estabelecer novos postos de escuta para coleta de dados adicionais?	

Desenvolvendo metas de satisfação para clientes internos e externos

MANTENDO O FOCO NO CLIENTE - FERRAMENTAS	
Desenvolvendo metas de satisfação para clientes internos e externos Use esta planilha para fazer um *brainstorming* de metas em áreas selecionadas.	
ÁREA SELECIONADA	**META DE SATISFAÇÃO**
Estilo de interação *Como você atualmente interage com seus clientes?* *Como pode tornar esta interação mais pessoal?* *Mais informativa?* *Mais eficaz?* *Mais agradável?*	
Pontualidade *Com que rapidez você responde às solicitações de seus clientes?* *O tempo de resposta poderia ser mais curto?*	
Atitude *Que atitude você demonstra para cada cliente?* *Sua atitude pode ser mais focada?* *Mais útil?* *Demonstrar mais interesse?*	
Comunicação *Como você se comunica com seu cliente?* *Você ouve eficazmente?* *Você faz as perguntas corretas?* *Você fala com clareza?*	
Políticas e procedimentos *Que política ou procedimento mais chateia seu cliente?* *Que política ou procedimento mais frequentemente se interpõe entre você e seu cliente?* *Como poderá mudar essa situação?*	
Autonomia do funcionário *Os funcionários têm a habilidade de tomar iniciativa e resolver problemas instantaneamente?* *Em que áreas desejariam ter mais liberdade para eles mesmos resolverem problemas?*	

Passos para desenvolver **POSTOS DE ESCUTA**

1. Determine seus postos de escuta. Liste os pontos nos quais sua organização recebe feedback do cliente. Por exemplo, através dos representantes de vendas, dos resultados de pesquisa de marketing, dos representantes que fazem contato por telefone, dos representantes de serviços ou dos atendentes.

2. Obtenha feedback. Entreviste os funcionários para tomar conhecimento do feedback que estão recebendo.

3. Organize o feedback. Divida em categorias os tipos significativos de feedback de cada posto de escuta. O feedback pode incluir coisas como sugestões para incorporar novas características a um produto, confusão quanto aos termos da prestação de serviços ou irritação resultante da espera pela entrega de um produto

4. Determine o uso atual do feedback e descubra como está sendo usado. Ele está sendo usado para melhorar produtos ou para criar melhores instruções sobre os termos da prestação de serviços? O feedback é discutido e depois ignorado?

5. Decida como o feedback deve ser usado. Providencie meios que possam ajudá-lo a utilizar todo feedback valioso. Envolva os funcionários, solicitando a eles que ofereçam sugestões de como tornar o feedback mais útil, convertendo-o em dados que possam ser utilizados no trabalho de todos.

Passos para aprimorar
POSTOS DE ESCUTA

Use esta sequência de passos para redesenhar os postos e torná-los ainda mais eficazes.

1. Examine o feedback que está sendo recebido;
2. Observe em que momento a informação é recebida. A informação está chegando no momento certo? O feedback pode ser obtido com mais antecedência? Muitos postos de escuta podem ser usados de forma mais eficaz, visando prevenir problemas antes que ocorram;
3. Decida o que deseja saber sobre o comportamento do cliente. Existem lacunas de informação sobre clientes em todas as organizações. Por que os clientes são fiéis? Por que clientes satisfeitos desertam? O que atrai novos clientes? Faça um *brainstorming* do maior cenário das informações de que a organização necessita sobre retenção, deserção, satisfação geral e sobre o modo como podem ser obtidas;
4. Desenvolva meios de usar os postos para identificar a informação que procura. Formule perguntas que revelem padrões de comportamento do cliente. Por exemplo, quando um pedido está sendo recebido, representantes em muitas organizações perguntam aos novos clientes: *como soube da nossa empresa?* Quando adequadamente registrada e acompanhada, a resposta a essa simples questão tem valor inestimável. Ela ajuda a avaliar os esforços de publicidade e de marketing, bem como o índice de recomendações feitas por clientes;

5. Estabeleça um processo que torne mais significativas novas perguntas feitas nos postos de escuta mais importantes. Os funcionários que fazem as perguntas precisam saber por que estão fazendo aquelas perguntas e precisam dispor de um processo de fácil acompanhamento para reunir as informações. Formulários simples, pequenas reuniões semanais, bate-papos informais são meios de assegurar que boas perguntas estão sendo feitas no momento certo;
6. Avalie a necessidade de novos postos de escuta. Muitas organizações estão acrescentando telefonemas de "acompanhamento" da satisfação do cliente em relação aos postos de escuta já existentes. Assim que terminar de redesenhar os postos de escuta atuais, pergunte a si mesmo se precisa acrescentar outros tipos de postos de escuta.

Passos para mapear um processo DE PRESTAÇÃO DE SERVIÇOS

Neste exercício, envolva os funcionários que lidam com clientes. Repita estes passos em todos os processos de trabalho que forem implantados.

1. Escolha um processo de serviços que seja executado por muitos funcionários — do tipo que tem forte impacto na satisfação do cliente e que seja suscetível a problemas;
2. Liste as atividades envolvidas nesse processo. Use uma folha adesiva, um cartão de fichário ou uma folha de papel para cada atividade;
3. Organize as atividades na sequência em que elas ocorrem. Indique o tempo gasto para completar cada passo;
4. Transfira essas informações para um mapa de processo de trabalho. Acrescente ou subtraia níveis à medida que for necessário.

   - Liste, verticalmente, as pessoas envolvidas no lado esquerdo do diagrama;
   - Divida o eixo horizontal do diagrama em segmentos apropriados de tempo, como horas ou dias;
   - Organize as atividades de trabalho em sequência, da esquerda para a direita, através do diagrama, com setas para indicar o fluxo. Você poderá achar útil representar cada atividade por uma célula numerada e inserir abaixo uma legenda que indique o nome e a descrição daquela atividade.

5. Faça um *brainstorming* com o grupo para determinar os pontos passíveis de falha. Pontos passíveis de falha são:

   - Ineficiências;
   - Passos desnecessários;
   - Tempo perdido;
   - Quaisquer fatores que inibam a geração de produtos ou serviços de alta qualidade e na hora certa.

> Você observará que as duas dimensões do diagrama (vertical e horizontal) fornecerão novos *insights* com relação aos custos e à satisfação do cliente.

6. Estude o diagrama de diferentes perspectivas. Coloque-se no lugar do cliente. Em seguida, pergunte-se novamente como poderá mudar o processo de trabalho para eliminar pontos passíveis de falha e prestar melhores serviços ao cliente.

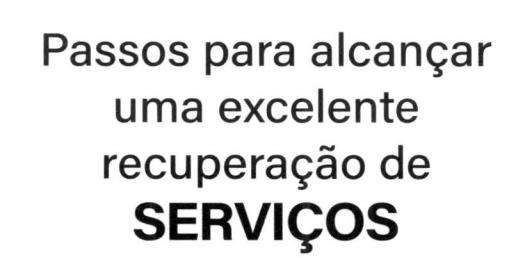

Passos para alcançar uma excelente recuperação de **SERVIÇOS**

Quando um cliente interno ou externo está insatisfeito, siga todos os passos que se aplicam.

1. Descubra qual é o problema:
   - Ouça cuidadosamente a explicação do cliente para o problema;
   - Faça perguntas que esclareçam mais o assunto;
   - Repita o problema com suas palavras para certificar-se de que o entende;

2. Descubra o que o cliente espera que seja feito para resolver o problema:
   - Ouça o que o cliente deseja que você faça a respeito do problema;
   - Caso as expectativas do cliente possam ser atendidas, deixe-o seguro de que o problema será solucionado.

3. Assuma responsabilidade pessoal para resolver o problema:
   - Ofereça ajuda;
   - Não passe o problema para a frente;

- Familiarize-se com as políticas de sua organização;
- Explique calmamente quais são as opções.

4. Faça um esforço especial para deixar o cliente confiante:
   - Caso saiba que levará algum tempo até que o problema seja resolvido, faça o que estiver ao seu alcance para deixar o cliente confiante durante a espera;
   - Não deixe a pessoa aguardando na linha por mais de dois minutos. Em vez disso, ofereça-se para retornar a chamada;
   - Em uma situação frente a frente, sugira que o cliente aguarde em um local mais confortável ou que retorne em uma hora;
   - Ofereça-lhe refeições, café ou revistas — qualquer coisa que mostre que está interessado e que resolverá o problema dele.

5. Mantenha uma atitude objetiva:
   - Quando alguém está irritado, não leve isso para o lado pessoal. A pessoa está zangada com o problema, não com você. Assim, simplesmente escute. Deixe a pessoa que está irritada extravasar seus sentimentos.

6. Mantenha-se positivo e calmo:
   - Peça desculpas pela dificuldade causada, mesmo que não seja sua culpa;
   - Não culpe outros pelo problema;
   - Nunca diga a um cliente externo que aquele problema é algo que sempre acontece.

7. Resolva o problema rapidamente:
   - Pense com inteligência. Tente determinar a maneira mais rápida e eficaz de resolver o problema;

- Ofereça opções razoáveis caso não consiga dar-lhes exatamente o que desejam;
- Caso precise envolver outras pessoas, explique o problema de modo que o cliente não tenha de repeti-lo. Além disso, mantenha-se envolvido, mesmo quando outra pessoa estiver ajudando.

8. Siga em frente até completar seu objetivo:
   - Mais tarde certifique-se de que o problema foi resolvido ao gosto do cliente;
   - Nunca pergunte ao cliente se o problema foi resolvido ou o que aconteceu. Você deve saber as respostas;
   - Envie uma carta com pedido de desculpas, um presente ou prêmios, como cupons, um item gratuito ou serviços adicionais.
9. Mantenha em mente o cenário maior:
   - Determine se o problema é recorrente. Caso seja, identifique meios de evitar que ele se repita;
   - Trabalhe com outros colegas para saber como resolveram problemas similares;
   - Tente determinar o custo financeiro de uma recuperação insatisfatória.
10. Durante o próprio processo de recuperação, identifique fontes comuns de problemas. Por exemplo, a fonte do problema pode ser um dos seguintes itens:
    - Seleção inadequada de pessoal para lidar com a recuperação;
    - Sistemas internos de suporte inadequados (informação e outros) para executar o trabalho;
    - Treinamento deficiente;
    - Autonomia (dentro de limites) insuficiente concedida pela alta ad-

ministração para que os funcionários possam produzir resultados para os clientes;

- Reconhecimento e recompensa inadequados para a boa recuperação de serviços.

Passos para criar um processo de serviços **CENTRADO NO CLIENTE**

1. Observação: determine quem deve ser observado, quem deve observar e que comportamentos devem ser observados. Os observados podem ser clientes, não-clientes ou clientes de clientes. A melhor forma de captar os mais importantes aspectos do ambiente e das pessoas escolhidas para serem observadas é colocar em campo uma pequena equipe. Cada membro da equipe deve ser um perito em uma diferente disciplina. Um engenheiro, por exemplo, pode observar ângulos e interações mecânicas, enquanto um designer pode ver espaço e formas.

Pelo menos um membro da equipe deve ter experiência em observação de comportamento. Outro membro deve ter uma profunda compreensão das qualificações organizacionais com que a equipe de desenvolvimento poderá contar. Caso a equipe seja de uma consultoria, certifique-se de incluir algumas pessoas de seu próprio grupo para que supram informações sobre as capacitações da organização. Mente aberta, habilidades aguçadas de observação, habilidade de ouvir ativamente sem falar e curiosidade caracterizam uma boa equipe. As pessoas a serem observadas devem executar suas rotinas normais — brincando, comendo, descansando ou trabalhando em casa ou no escritório. Para alguns produtos ou serviços, os membros da equipe poderão conduzir suas observações de forma extremamente discreta. Por exemplo, simplesmente colocando-se em um ambiente público onde as pessoas desenvolvem suas rotinas normais, os membros da equipe poderão observar comportamentos de forma sistemática.

2. Capte os dados. Os melhores dados serão captados por meio de observação silenciosa, mas os observadores poderão desejar fazer algumas perguntas abertas. Por exemplo:

- *Por que você está fazendo isso?;*
- *Descreva para mim sua mais recente ou mais inesquecível ________ (a atividade foco, por exemplo, pescando, fazendo um depósito bancário, instalando um software).*

Os observadores podem trazer consigo uma lista de perguntas que podem estimular suas próprias observações, como: *qual dificuldades o usuário está encontrando?* Sistemas de vídeo podem captar uma linguagem corporal sutil, que pode transmitir informações importantes e gravá-las para futuro exame e análise. Fotografias podem mostrar a organização espacial e conter detalhes que podem passar despercebidos enquanto a equipe estava no local. Esses recursos também podem ser úteis em transmitir informações que se perderiam em uma descrição verbal. Caso o recurso de vídeo não esteja disponível, ou seja muito indiscreto, uma gravação em fita de áudio pode ser uma opção para captar os diálogos durante encontros de serviço. Você pode também contar com anotações bem-feitas captadas por observadores, visto que esse pode ser o método menos indiscreto de captar dados.

3. Organize e analise os dados. Apresente os dados coletados (inclusive fotos, desenhos, vídeos e fitas em áudio) aos colegas e/ou clientes que não tomaram parte no exercício de observação. Esses indivíduos — não

influenciados por informações possivelmente não pertinentes, como a reputação das pessoas ou das organizações visitadas — verão coisas diferentes daquelas observadas pela equipe. À medida que observam os dados reunidos pela sua equipe de observação, pergunte-lhes:

- *Se veem algum problema;*
- *Se veem possíveis oportunidades;*
- *Se têm outros comentários.*

Peça à equipe de observação que permaneça em silêncio enquanto as outras pessoas fazem seus comentários. Tão logo terminem os comentários, você poderá interrogá-los em busca de mais detalhes, mas não antes que tenham concluído totalmente seus comentários. Após examinar os dados, você pode achar necessário retornar ao local para maiores observações. Utilize os dados para identificar todos os possíveis problemas ou necessidades das pessoas observadas.

4. Faça um *brainstorming* para possíveis soluções. Preste atenção nas cinco regras do *brainstorming:* adie o julgamento das ideias; construa em cima de outras ideias; mantenha uma conversa de cada vez; mantenha o foco no assunto; e estimule novas ideias. Você poderá envolver alguns clientes, não clientes ou clientes de seus concorrentes na sessão de *brainstorming.* Certifique-se de fornecer a infraestrutura de apoio necessária. Podem ser coisas simples como *flip charts* ou uma mesa com papel para rabiscar e fazer anotações. No final da sessão, os membros podem separar as melhores ideias e levá-las para maior reflexão. Podem também ser utilizados recursos de alta tecnologia, como grupos de trabalho interligados por rede ou quadro brancos que podem imprimir quaisquer anotações neles feitas. Ao apresentar possíveis soluções ou ideias, seja objetivo. Você pode ainda desenhar ou representar visualmente algumas de suas ideias.
5. Estreite o campo das soluções. Determine quais são seus critérios ao escolher soluções. Por exemplo:

- Quais funções são essenciais (do ponto de vista do cliente) e quais são "interessantes de ter"?;
- Quais critérios são determinados pelos valores da empresa? (Por exemplo, os grupos da Fisher-Price insistem em que todos os brinquedos desenvolvidos sejam "amigáveis com as mamães", visto que a maioria é comprada por elas.);
- Quais são suas limitações em termos de custos?;
- Quais são as restrições de tamanho e formato (para um produto)?;
- Que prazo você tem para concluir esse projeto?;
- Em que aspectos o produto ou serviço precisa ser compatível com produtos e serviços existentes?

Diante dessas limitações, determine as soluções mais exequíveis.

6. Desenvolva protótipos das possíveis soluções:

- Protótipos esclarecem para a equipe de desenvolvimento o conceito do novo produto ou serviço (ou deixar claro que seu produto ou serviço carece de clareza de conceito);
- Protótipos possibilitam que a equipe coloque seus conceitos diante de outros indivíduos cujas funções não são formalmente representadas na equipe;
- Protótipos podem estimular reações e promover discussões com possíveis clientes;
- Algumas vezes dois protótipos são usados para demonstrar um produto — um mostra como o produto funciona, mas não mostra sua aparência definitiva. O outro não funciona efetivamente, mas mostra a forma final do produto;
- Simulações podem ser protótipos úteis. A dramatização de situações pode também ser útil como protótipo de determinados comportamentos ou ações, quando, por exemplo, o produto é um serviço.

Referências **BIBLIOGRÁFICAS**

Depois de vários anos trabalhando no setor, além de várias entrevistas, seguem as referências utilizadas para a construção deste livro:

30 Advices from 30 Greatest Professionals in CRM and Customer Service in the World. Don Peppers, Heverton Anunciação.

The Official Dictionary for Internet, Computer, ERP, CRM, UX, Analytics, Big Data, Customer Experience, Call Center, Digital Marketing and Telecommunication: The Vocabulary of One New Digital World. Heverton Anunciação.

O Capitalismo do Cliente: O que Importa é a Experiência do Consumidor. Heverton Anunciação.

Tudo o que o Google® não te respondeu sobre as Redes Sociais: Um Guia Prático de Social CRM para sobreviver a nova fronteira do Relacionamento entre Empresas e o Mundo. Heverton Anunciação, Eric Lieb.

www.reclameaqui.com.br

www.consumidor.gov

www.proteste.com.br

www.idec.com.br

www.disneyinstitute.com

www.peppersandrogersgroup.com

www.abt.org.br

www.linkedin.com

ÍNDICE

A

ABT 61. *Consulte também* Associação Brasileira de Telemarketing
Acidentes pessoais 57
Ações de sustentabilidade 18
Agentes de atendimento 65
Agilidade 63
Amadorismo 63
Análise de áudio 167
Associação Brasileira de Telemarketing 61
Atendente 19
    Atendentes bilíngues 57
Atendimento ao Cliente 21
Autoatendimento 73

B

Bancos de dados 63
Big Data 118
Board da empresa 42
Brainstorming 218

C

Call Center 19
Campanhas motivacionais 60
Canais digitais 119
Canal de contato. *Consulte* Contact Center
Central
    De Vendas 57
        De Atendimento 14
Centralização no cliente 25
Chatboots 118
Cientista de Dados 147
Close the loop
Cluster de varejo 148
Código de Defesa do Consumidor 67
Comprometimento 201
Conjugação de serviços 67
Consumidores influenciadores 139
Contact Center 20
Crise de credibilidade 68
CRM 53

Cross-selling 153
Cultura
Cultura google 96
Cultura de Clientes 108

D

Datawarehouse 96
Delitos informáticos 123
Desempenho financeiro 25
Deserção 237
Design thinking 73
Desrespeito 68
Disciplina 64

E

Empatia 20
Empregado terceirizado 19
Engajamento 41
Entrevistar clientes 24
EPS
Prospectar, contratar, criar e treinar empresas para trabalhar com telemarketing 57
Escalabilidade 53
Escopo limitado 25
Estatística básica 148
Estratégias de Engajamento 14
Experiências de consumo 19
Expertise 19

F

Fale Conosco 19
Feedback de funcionários 167
Ferramenta de Rotividade 206
Fidelização 49
Flip charts 247
Focus groups 210
Funcionário 19
Funil de vendas 114

G

Gestão
De resultados 64
Do atendimento 54
Governança
Cidadã 69
Ideal de dados 35
Grupos de foco 167

H

Habilidade do funcionário 199
Headset 63

I

Indicadores de Relacionamento 48
Índices de satisfação do cliente 25
Ineficaz 68
Infraestrutura tecnológica 54
Iniciativas interdepartamentais 25
Instabilidades 54
Instrumento de gestão 69
Integração com parceiros 53
Inteligência Artificial 114
Internet das coisas 67

L

Lançamento de produtos 20
Lealdade dos clientes
Lean six sigma 72
Lei de Economia Popular 41

Líderes comprometidos 24
Listas Telefônicas 57

M

Machine learning 117
Mapeamentos de canais 96
Marco Regulatório 121
Marketing de relacionamento 18
Medição da jornada 14
Mediocridade 204
Mercenários 193
Millennials 73
Mistery Shopping 167
Mobile marketing 148
Modelo de treinamento 64
Movimento consumerista 41
Multicanalidade 74
Mundo competitivo 25

N

Net Promoter Score 25
Nina
    Assistente virtual da Nuance 118
NPS. *Consulte* Net Promoter Score

O

Obrigações legais 126
Omni-channel 118
Ouvidoria Itinerante 130

P

Painéis de clientes 167
Perfil de contratação 64
Perspectiva dos clientes 19
Pesquisas de Experiência 50
Pessoas capacitadas 47
Pirâmide de Maslow 48
Plataformas e sistemas 64
Política
    De treinamento 35
        De marketing e vendas 67
Pós-venda 13
Pré-venda 13
Proatividade 118
Processos corporativos 19
Programa de fidelidade 35
Progresso incremental 25
Projeto de EPS 57
Prospectar 57
Publicidade 19
Público influenciador. *Consulte* Stakeholders

Q

Qualidade
    Da experiência do cliente 25
        De atendimento 114

R

Raciocínio lógico 148
Recomendações 190
Recompensas 25
Rede de distribuição 67
Redes sociais 21
Reengenharia 2.0
    Experiências de consumo 19
        Perspectiva dos clientes 19
Reengenharia de processos 19
Relações com os clientes 14
Remuneração 64

Resolvedor de problemas 66
Retenção de clientes 197
Revolução digital 49
RFV 114
Rotatividade de funcionários 205

S

Scripts congelados 48
Search engines 148
Segunda geração 154
Segurança lógica 53
Seguros de vida 57
SEPAPIAG 84
Serviços-Lucro 201
Sessões
  De treinamento 24
    De pesquisa 24
Share of wallet 153
Silos organizacionais 24
Simulação de chamadas 167
Síndrome dos 4US$ 19
Sistema de mensagens torpedo. *Consulte* SMS
Sistemas avançados 63
SMS 61
Social
  Login 141
    Mídia 148
Solução tecnológica 53
Stakeholders 154
  Funcionários 201
    Clientes 201
    Acionistas 201

T

Taxa de conversão 114
Tecnologias
  Interativas 42
    Defasadas e desintegradas 73
Tempo médio de atendimento 20
Terceira geração 154
Terceirização 19
Times multidisciplinares 43
TMA. *Consulte* Tempo médio de atendimento
Top-down 113
Treinamentos técnicos 60
Trocas de produtos 42

U

Up-selling 153

V

Valor vitalício 188
Vendas relacionadas 189
Vitórias rápidas 25
Volume de interações 119

W

Waze 118
Web 2.0 153
Web analytics 148
Webcall Center 19
Workshops 73
World wide web 149

Projetos corporativos e edições personalizadas dentro da sua estratégia de negócio. Já pensou nisso?

Coordenação de Eventos
Viviane Paiva
comercial@altabooks.com.br

Assistente Comercial
Fillipe Amorim
vendas.corporativas@altabooks.com.br

A Alta Books tem criado experiências incríveis no meio corporativo. Com a crescente implementação da educação corporativa nas empresas, o livro entra como uma importante fonte de conhecimento. Com atendimento personalizado, conseguimos identificar as principais necessidades, e criar uma seleção de livros que podem ser utilizados de diversas maneiras, como por exemplo, para fortalecer relacionamento com suas equipes/ seus clientes. Você já utilizou o livro para alguma ação estratégica na sua empresa?

Entre em contato com nosso time para entender melhor as possibilidades de personalização e incentivo ao desenvolvimento pessoal e profissional.

PUBLIQUE **SEU LIVRO**

Publique seu livro com a Alta Books. Para mais informações envie um e-mail para: autoria@altabooks.com.br

/altabooks /alta-books /altabooks /altabooks

CONHEÇA OUTROS LIVROS DA **ALTA BOOKS**

Todas as imagens são meramente ilustrativas.

ALTA LIFE
ALTA CULT EDITORA
ALTA BOOKS EDITORA
alta club

Este livro foi impresso nas oficinas gráficas da Editora Vozes Ltda.,
Rua Frei Luís, 100 – Petrópolis, RJ.